OLD HAVANA COOKBOOK:

CUBAN RECIPES IN SPANISH AND ENGLISH

Bilingual Cookbooks from Hippocrene

A Treasury of Italian Cuisine:
Recipes, Sayings and Proverbs in Italian and English

A Treasury of Polish Cuisine:
Traditional Recipes in Polish and English

Cooking in the French Fashion:
Recipes in French and English

Old Havana Cookbook:
Cuban Recipes in Spanish and English

OLD HAVANA COOKBOOK:

CUBAN RECIPES IN SPANISH AND ENGLISH

LIBRO DE COCINA DE HABANA LA VIEJA:
RECETAS CUBANAS EN ESPAÑOL E INGLÉS

RECIPES COMPILED BY
THE EDITORS OF HIPPOCRENE BOOKS

TRANSLATED BY
RAFAEL MARCOS

ILLUSTRATED BY
ROSEMARY FOX

HIPPOCRENE BOOKS, INC.
NEW YORK

For information, address:
HIPPOCRENE BOOKS, INC.
171 Madison Ave
New York, NY 10016
www.hippocrenebooks.com

Libro de cocina de Habana la vieja. English.
    Old Havana cookbook: Cuban recipes in Spanish and English =
  Libro de cocina de Habana la vieja: recetas cubanas en españole e
  inglés / recipes compiled by the editors of Hippocrene Books;
  translated by Rafael Marcos; illustrated by Rosemary Fox.
        p.   cm.
      ISBN-13: 978-0-7818-0767-8
      ISBN-10: 0-7818-0767-0
      1. Cookery, Cuban. I. Title: Old Havana cookbook.
   II. Marcos, Rafael. III. Hippocrene Books (Firm) IV. Title.

  TX716.C8 L5313 1999
  641.597291--dc21   99-049673

Printed in the United States of America.

CONTENIDO

❧·❦

TABLE OF CONTENTS

SOPAS/SOUPS

✦ *Jigote* 2
✦ Jigote (Bouillon en tasse) 3

✦ *Sopa de camarones* 4
✦ Shrimp Soup 5

✦ *Sopa de pescado* 6
✦ Fish Soup 7

✦ *Sopa de ajo* 8
✦ Garlic Soup 9

✦ *Ajiaco* 10
✦ Ajiaco 11

PESCADOS Y MARISCOS / SEAFOOD

✦ *Pargo a la cubana* 16
✦ Cuban Style Pargo 17

✦ *Pargo hervido con salsa de aguacate* 20
✦ Boiled Pargo with Avocado Sauce 21

✦ *Pescado estofado* 22
✦ Stewed Fish 23

✦ *Escabeche* 24
✦ Escabeche 25

➤ *Langosta rellena*   26
➤ Stuffed Lobster   27

➤ *Langosta habanera*   28
➤ Lobster Havanaise   29

PLATOS ADICIONALES / SIDE DISHES

➤ *Revoltillo*   32
➤ Cuban Scrambled Eggs   33

➤ *Tortilla de aguacate*   34
➤ Avocado Omelet   35

➤ *Frijoles negros*   36
➤ Black Beans   37

➤ *Moros y cristianos*   38
➤ Moors and Christians   39

➤ *Congris*   40
➤ Red Beans and Rice   41

➤ *Garbanzos*   42
➤ Chick-pea Porridge   43

➤ *Tamal en cazuela*   44
➤ Soft Tamal   45

➤ *Pastel de maíz*   46
➤ Corn Pie   47

➻ *Plántanos en tentación*   50
➻ Bananas in Wine   51

➻ *Quimbombó*   52
➻ Okra   53

➻ *Calabaza amarilla (locro)*   56
➻ Pumpkin or Yellow Squash (Locro)   57

➻ *Aguacates rellenos*   58
➻ Stuffed avocados   59

CARNES / MEATS

➻ *Salpicón*   62
➻ Meat Salad   63

➻ *Bisté en rollo*   64
➻ Rolled Steak   65

➻ *Picadillo*   66
➻ Cuban Beef Hash   67

➻ *Ropa Vieja*   70
➻ Stewed Beef with Vegetables ("Rags" or "Old Clothes")   71

➻ *Albóndigas*   74
➻ Meat Balls   75

➻ *Lechón asado*   76
➻ Roast Suckling Pig   77

➤ *Pollo a la criolla*   80
➤ Creole Chicken   81

➤ *Pollo con piña a la antigua*   82
➤ Chicken with Pineapple in the Old Style   83

➤ *Arroz con pollo*   84
➤ Chicken with Rice   85

POSTRES / DESSERTS

➤ *Buñuelos de piña*   90
➤ Pineapple Fritters   91

➤ *Boniatillo*   92
➤ Sweet Potato Dulce   93

➤ *Pastel de batata*   94
➤ Sweet Potato Cake   95

➤ *Budín de mamey*   96
➤ Mamey Pudding   97

➤ *Budín de manzana con ron Bacardi*   98
➤ Apple Pudding with Bacardi Rum   99

➤ *Coco quemado*   100
➤ Coconut Pudding   101

➤ *Turrón de Alicante*   102
➤ Spanish Nougat   103

✤ *Arroz con leche*   104
✤ Rice Pudding   105

✤ *Natilla*   106
✤ Cornstarch Pudding   107

CÓCTELES Y BEBIDAS / COCKTAILS & BEVERAGES

✤ *Cóctel Daiquiri original*   110
✤ Original Daiquiri Cocktail   111

✤ *Cóctel del presidente*   112
✤ President's Cocktail   113

✤ *Cóctel de Isla de Pinos*   112
✤ Isle of Pines Cocktail   113

✤ *Cóctel del Club de Yates de La Habana*   114
✤ Havana Yacht Club Cocktail   115

✤ *Cóctel criollo (A la antigua)*   114
✤ Creole Cocktail (Old Fashioned)   115

✤ *Flor Bacardi*   116
✤ Bacardi Blossom   117

✤ *Refresco La Habana*   116
✤ Havana Cooler   117

✤ *Ponche del plantador*   118
✤ Planter's Punch   119

→ *Mojo cubano*   118
→ Rum Cocktail   119

→ *Bebida gaseosa con jugo de piña y ron Bacardi*   120
→ Bacardi Pineapple Fizz   121

→ *Ponche de leche cubano*   120
→ Cuban Milk Punch   121

→ *"Pousse" cubano (Una bebida para después de la cena)*   122
→ Cuban Pousse (An after dinner drink)   123

→ *Ponche delicioso*   122
→ Delicious Punch   123

SOPAS

❦

SOUPS

Jigote

Esta sopa sabrosa solía servirse en las cenas tardías en los tiempos antiguos. Las fiestas y las recepciones no eran completas sin ella cuando se servían refrescos a medianoche.

1 pollo entero, partido en 4 ó 5 pedazos (guardar los menudillos)
2 libras de carne de res, partida en cubitos
hueso de ternero o hueso del jarrete de la res
2 zanahorias, partidas en pedazos grandes
2 nabos, partidos en pedazos grandes
1 tallo de apio, partido en pedazos grandes
1 cebolla grande, con 2 clavos incrustados
3 a 4 tomates, cada uno partido en cuatro pedazos
sal al gusto
¾ de taza de jerez

Echar los pedazos de pollo y los menudillos, junto con la carne de res y el hueso de ternero, en una olla grande con 4 cuartos de agua fría. Hervir y espumar con cuidado. Disminuir el fuego y cocer a fuego lento durante 3 horas, revolviendo de vez en cuando. Añadir las zanahorias, los nabos, el apio, la cebolla entera con los clavos y los tomates. Sazonar con sal al gusto. Cocer a fuego lento durante 2 horas más o hasta que el caldo quede reducido a aproximadamente 3 cuartos.

Sacar del caldo y poner aparte la carne, los huesos y los vegetales. Dejar que se enfríe el caldo y quitarle la grasa. Mientras tanto, separar la carne del pollo de los huesos. Pasar el pollo y la carne de res por un molinillo hasta que quede bien picada.

Volver a calentar el caldo y añadir el jerez. Para servir, echar una cucharada llena de mezcla de carne picada en cada tazón y echar encima el caldo humeante.

PARA 12 TAZAS.

Jigote *(Bouillon en tasse)*

This tasty soup was usually served at late suppers in olden times. No party or reception was complete without it when refreshments were served at midnight.

1 whole chicken, cut into 4 or 5 pieces (retain giblets)
2 pounds beef, cubed
veal bone or beef knuckle bone
2 carrots, cut in large pieces
2 turnips, cut in large pieces
1 stalk celery, cut in large pieces
1 large onion, stuck with 2 cloves
3 to 4 tomatoes, each quartered
salt to taste
¾ cup sherry

Place chicken pieces and giblets, along with beef and veal bone, in a large kettle with 4 quarts cold water. Bring to a boil, and skim carefully. Reduce heat and simmer for 3 hours, stirring occasionally. Add carrots, turnips, celery, whole onion with cloves, and tomatoes. Season with salt to taste. Simmer over low heat for 2 more hours or until broth is reduced to about 3 quarts.

Remove and reserve meat, bones, and vegetables from broth. Allow broth to cool and skim off any fat. Meanwhile, remove chicken meat from bones. Pass the chicken and beef through a food mill or processor until it is ground fine.

Reheat broth and add sherry. To serve, place a heaping spoonful of ground meat mixture in each bowl and top with steaming broth.

MAKES 12 1-CUP SERVINGS.

Sopa de camarones

1 libra de camarones grandes
1 diente de ajo, picado
1 cebolla, picada
2 cucharadas de mantequilla
4 tomates grandes ó 1 lata (de 16 onzas) de tomates enteros,
    picados
sal y pimienta al gusto
2 clavos
hoja de laurel
6 papas pequeñas (del tamaño de un huevo), bien lavadas
1 mazorca de maíz fresco, partida en 6 trozos pequeños
pizca de levadura en polvo
4 tazas de leche
2 yemas de huevo

Hervir los camarones, sacarlos del agua, pelarlos y desvenarlos, y ponerlos aparte. Conservar el agua de hervir los camarones. Freír el ajo y la cebolla con mantequilla en un horno mágico ("Dutch oven"). Añadir los tomates picados, la sal y la pimienta, los clavos, la hoja de laurel y una taza de agua. Cocer a fuego medio durante 15 minutos. Agregar las papas enteras, los trozos de maíz y la pizca de levadura en polvo. Cuando las papas estén tiernas, añadir la leche y los camarones. Batir las yemas de huevo en un tazón pequeño con un poco de caldo de la sopa. Agregar poco a poco la mezcla de huevo a la sopa para espesarla.

Para servir, echar en cada tazón una papa, un trozo de maíz y varios camarones. Cubrir con el caldo caliente.

PARA 6 PORCIONES.

Shrimp Soup

1 pound large shrimp
1 clove garlic, chopped
1 onion, chopped
2 tablespoons butter
4 large tomatoes or 1 can (16 ounces) whole tomatoes,
    chopped
salt and pepper to taste
2 cloves
bay leaf
6 small potatoes (each the size of an egg), rinsed well
1 ear fresh corn, cut into 6 small sections
pinch baking soda
4 cups milk
2 egg yolks

Boil shrimp, remove from water, and peel and devein them, setting them aside. Retain water in which shrimp was boiled. In a Dutch oven, fry garlic and onion in butter; add chopped tomatoes, salt and pepper, cloves, bay leaf, and 1 cup water. Cook over medium heat for 15 minutes. Add whole potatoes, corn sections, and pinch of baking soda. When potatoes are tender, add milk and shrimp. In a small bowl, beat egg yolks with a little of the broth from the soup. Slowly add egg mixture to soup to thicken it.

To serve, place a potato, section of corn, and several shrimps to each bowl. Cover with steaming broth.

Makes 6 servings.

Sopa de pescado

Cabeza de pescado grande (de preferencia pargo)
1 cebolla, picada
1 diente de ajo, picado
½ taza de pimiento verde picado
3 ó 4 tomates de tamaño medio, partidos en cubitos
½ taza de aceite de oliva
hoja de laurel
clavo
sal y pimienta al gusto
4 papas de tamaño mediano, peladas y partidas en cubitos
1 libra de pescado, sin espinas y partido en pedacitos
jugo de 2 limones
1 cucharada de perejil fresco picado
2 rebanadas finas de pan duro (partidas en pedazos de tamaño
     de cuscurros)

Hervir la cabeza de pescado en un horno mágico ("Dutch oven")
con cuatro tazas de agua durante un rato, hasta que se empiece
a deshacer. Colar el líquido para quitar las espinas y echar de
nuevo el caldo a la olla.

Mientras tanto, dorar la cebolla, el ajo, el pimiento verde y los
tomates con aceite de oliva en una cazuela de tamaño medio.
Añadir la hoja de laurel, el clavo, y la sal y la pimienta y saltear.

Después de sofreír la cebolla y los pimientos, agregar la mezcla de
cebolla al caldo de pescado y cocer en fuego mediano. Añadir las
papas y seguir cociendo a fuego lento durante veinte minutos.
Cuando las papas estén tiernas, agregar el pescado y el jugo de
limón. Cocer a fuego lento hasta que el pescado esté cocido
(durante aproximadamente diez minutos).

Fish Soup

Head of large fish (preferably red snapper)
1 onion, minced
1 clove garlic, minced
½ cup chopped green pepper
3 or 4 medium tomatoes, diced
½ cup olive oil
bay leaf
clove
salt and pepper, to taste
4 medium potatoes, peeled and diced
1 pound fish, de-boned and cut into bite-size pieces
juice of 2 lemons
1 tablespoon fresh chopped parsley
2 slices thin, stale bread (cut into crouton-size pieces)

In a Dutch oven, boil the fish head in 4 cups water for awhile, until it falls apart. Strain liquid to remove bones and return broth to pot.

Meanwhile, brown onion, garlic, green pepper, and tomatoes in olive oil in a medium saucepan. Add bay leaf, clove, and salt and pepper, and sauté.

When onions and peppers are translucent, add onion mixture to fish broth and cook over medium heat. Add potatoes and continue to simmer for 20 minutes. When potatoes are tender, add fish and lemon juice. Simmer until fish is cooked (about 10 minutes).

Servir la sopa con cucharón en tazones individuales. Aderezar con perejil picado y algunos cuscurros.

PARA 4 PORCIONES.

Sopa de ajo

Ésta es una sopa sabrosa y fácil de preparar.

2 dientes de ajo, triturados
2 cucharadas de aceite de oliva
4 tazas de agua
2 rebanadas de pan duro, partidas en cubitos
sal, pimienta y paprika al gusto
1 huevo

Saltear el ajo en una cazuela de tamaño mediano con aceite de oliva. Añadir agua y hervir durante aproximadamente cinco minutos. Agregar sal, pimienta, paprika y los cubitos de pan. Mezclar bien, disminuir el fuego y cocer a fuego lento durante cinco minutos más. Batir el huevo con un poco de la mezcla de sopa de ajo en un tazón pequeño. Agregar poco a poco a la sopa el huevo batido.

PARA 4 PORCIONES.

To serve, ladle soup into individual bowls; garnish with chopped parsley and a few bread croutons.

MAKES 4 SERVINGS.

Garlic Soup

This is a delicate and easy-to-prepare soup.

2 cloves garlic, crushed
2 tablespoons olive oil
4 cups water
2 slices stale bread, cut into cubes
salt, pepper, and paprika, to taste
1 egg

In a medium saucepan, sauté garlic in olive oil. Add water and bring to a boil for about 5 minutes. Add salt, pepper, paprika, and bread cubes. Mix well, reduce heat, and simmer for 5 more minutes. In a small bowl, beat egg with a little of the garlic soup mixture. Slowly add beaten egg to the soup.

MAKES 4 SERVINGS.

Ajiaco

Esta sopa, llena de vegetales sanos, se sirve en muchas cocinas del país, y se considera el plato nacional de Cuba.

2 libras de cerdo fresco, partido en cubos
1 libra de huesos de cerdo
1 libra de yuca, partida en pedazos
1 libra de malangas, partidas en pedazos
1 libra de batatas, partidas en pedazos
2 mazorcas de maíz, partidas en rajas
1 libra de boniatos, pelados y partidos en pedazos
2 chayotes (u otra calabaza verde), partidos en pedazos grandes
1 calabaza verde o amarilla de una libra, partida en pedazos
        grandes
2 plátanos verdes, pelados y partidos en pedazos
2 plátanos medio maduros, pelados y partidos en pedazos
2 cebollas, partidas en cubitos
2 dientes de ajo, picados
1 pimiento verde, picado
3 ó 4 tomates, picados
2 cucharadas de aceite de oliva
sal y pimienta al gusto
jugo de 2 limas
2 plátanos maduros, partidos en rajas sin quitar la cáscara

Utilizar un horno mágico ("Dutch oven") o una olla muy grande para preparar este plato. Se tarda aproximadamente dos horas en total en preparar el ajiaco, que se debe cocer a fuego lento para evitar que el líquido se evapore. Echar el cerdo y los huesos de cerdo en unos cinco cuartos de agua. Hervir y cocer durante aproximadamente treinta minutos, quitando la espuma que de vez en cuando se forma en la superficie. Agregar las yucas, las

Ajiaco

This soup, full of hearty vegetables, is served in many country kitchens, and considered the national dish of Cuba.

2 pounds fresh pork, cut in cubes
1 pound pork bones
1 pound yuca, cut in pieces
1 pound malanga, cut in pieces
1 pound yams, cut in pieces
2 ears corn, cut into slices
1 pound sweet potatoes, peeled and cut in pieces
2 chayotes (or another green squash), cut in large pieces
1 pound pumpkin or yellow squash, cut in large pieces
2 green plantains, peeled and cut in pieces
2 half-ripe plantains, peeled and cut in pieces
2 onions, diced
2 cloves garlic, minced
1 green pepper, chopped
3 or 4 tomatoes, chopped
2 tablespoons olive oil
salt and pepper, to taste
juice of 2 limes
2 ripe plantains, cut with slices in skin left on

Use a very large Dutch oven or pot to prepare this dish. It takes about 2 hours total to prepare the *ajiaco*, which should simmer slowly to avoid evaporation of the liquid. Place pork and pork bones in about 5 quarts water. Bring to a boil and cook for about 30 minutes, skimming off the foam that rises to the top occasionally. Add the yuca, malanga, yams, and corn. Reduce heat and simmer, covered, for 30 more minutes. Next, add sweet potatoes,

malangas, las batatas y el maíz. Disminuir el fuego y cocer a fuego lento durante treinta minutos más, con la olla tapada. Después, añadir los boniatos, los chayotes, la calabaza, los plátanos verdes y los plátanos medio maduros. Seguir dejando que el estofado cueza a fuego lento durante treinta minutos más.

Mientras tanto, preparar el mojo en una cazuela separada. Saltear las cebollas, el ajo, el pimiento verde y los tomates en aceite de oliva. Sazonar con sal y pimienta. Después sacar los pedazos de chayote y calabaza del estofado y triturarlos o pasarlos por un colador. Echar de nuevo en el estofado los pedazos de chayote y calabaza para hacerlo más espeso. Agregar al estofado la mezcla de cebollas y tomates, junto con el jugo de lima, y seguir cociendo a fuego lento durante treinta minutos más.

En una olla pequeña aparte, cocer los plátanos maduros con la cáscara. Se deja la cáscara para que los pedazos no se rompan. Cuando las rajas de plátano estén cocidas, quitar la cáscara e inmeditamente antes de servir, añadirlas al estofado.

PARA 8 A 10 PORCIONES.

chayotes, pumpkin, green plantains, and half-ripe plantains. Continue to let the stew simmer for an additional 30 minutes.

Meanwhile, prepare the seasoning (*mojo*) in a separate saucepan: sauté onions, garlic, green pepper, and tomatoes in olive oil. Season with salt and pepper. Next, remove the chayote and pumpkin pieces from the stew and crush or strain them. Return crushed chayote and pumpkin to the stew to thicken it. Add onion and tomato mixture, along with lime juice, to the stew and continue to simmer for 30 additional minutes.

In a separate small pot, cook the ripe plantain slices with the skin on. The skin is left on to keep pieces from breaking. When plantain slices are cooked, remove skin and just before serving, add them to the stew.

MAKES 8 TO 10 SERVINGS.

PESCADOS Y MARISCOS
※·※
SEAFOOD

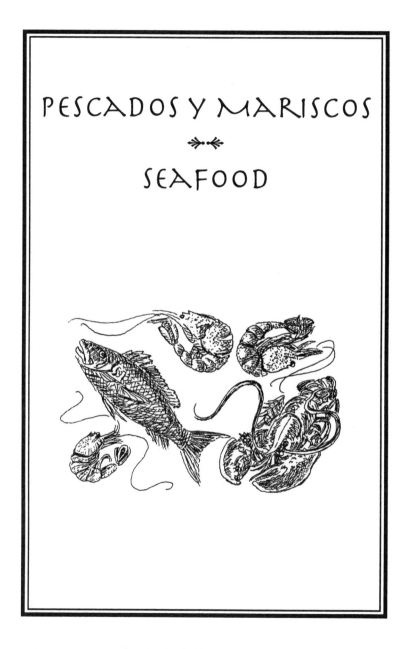

Pargo a la cubana

El Golfo de México presume de algunos de los mejores pescados del mundo. El rey de los pescados cubanos es el pargo, un tipo de pescado de sabor excelente.

1 pargo entero (de aproximadamente 4 a 6 libras), bien lavado
sal
jugo de 2 limas
4 cucharadas de aceite de oliva, dividido
½ taza de almendras tostadas, molidas en un molinillo o muy
       bien picadas
1 cebolla picada
¼ de taza de extracto de pescado
1 cucharada de perejil fresco picado
1 cebolla en rodajas
hoja de laurel
1 ramito de tomillo fresco
½ cucharadita de granos de pimienta
jugo de lima adicional

Frotar el pescado con sal y el jugo de lima. Calentar en una sartén dos cucharadas de aceite de oliva. Agregar las almendras molidas, las cebollas, el extracto de pescado y el perejil. Saltear durante aproximadamente cinco minutos hasta que las cebollas estén cocidas.

Engrasar una cazuela con las dos cucharadas de aceite restantes. Echar las rodajas de cebolla, la hoja de laurel, el tomillo y los granos de pimienta. Colocar el pescado encima de la capa de cebollas. Cubrir con la mezcla, para sazonar, de cebollas y almendras y un poco más de jugo de lima, si se desea.

Cuban Style Pargo

The Gulf of Mexico boasts some of the finest fish in the world. The king of Cuban fishes is the pargo—a variety of red snapper of excellent flavor.

1 whole pargo or red snapper (about 4 to 6 pounds),
      thoroughly cleaned
salt
juice of 2 limes
4 tablespoons olive oil, divided
½ cup toasted almonds, ground in a mortar or finely chopped
1 onion, minced
¼ cup fish stock
1 tablespoon fresh chopped parsley
1 onion, sliced
bay leaf
1 sprig fresh thyme
½ teaspoon peppercorns
additional lime juice

Rub the fish with salt and the lime juice. In a skillet, heat 2 table-spoons olive oil. Add the ground almonds, onions, fish stock, and parsley. Sauté for about 5 minutes until onion is cooked.

Grease a casserole or baking pan with the remaining 2 table-spoons oil. Layer with the onion slices, bay leaf, thyme, and pep-percorns. Place the fish on the bed of onions. Top with the almond-onion seasoning mixture and a little more lime juice, if desired.

Hornear a 350 grados hasta que el pescado esté cocido (durante unos 45 minutos). Si el pescado se seca mientras se hornea, añadir unas pocas cucharadas de extracto de pescado.

PARA 4 A 6 PORCIONES.

Bake at 350 degrees until fish is cooked (about 45 minutes). If fish becomes dry during baking, add a few tablespoons of fish stock.

MAKES 4 TO 6 SERVINGS.

Pargo hervido con salsa de aguacate

1 pargo entero (de unas 3 libras) bien lavado
sal y pimienta al gusto
2 cucharadas de vinagre blanco
1 cebolla, picada en cubitos
hoja de laurel
1 ramito de tomillo
½ taza de perejil fresco picado

Para la salsa de aguacate:
1 aguacate
1 cucharada de vinagre
3 cucharadas de aceite de oliva
jugo de 1 lima
sal y pimienta al gusto

Poner el pescado en un horno mágico ("Dutch oven"). Agregar la sal, la pimienta, el vinagre, la cebolla, la hoja de laurel, el tomillo y el perejil picado. Añadir agua suficiente para cubrirlo completamente y hervir. Disminuir el fuego y cocer a fuego lento hasta que el pescado esté cocido. Servir el pescado con la salsa de aguacate (véanse las instrucciones a continuación).

Para preparar la salsa de aguacate: Pelar el aguacate y triturarlo o pasorlo por un cedazo o un colador. Agregar el vinagre, el aceite de oliva, el jugo de lima y sal y pimienta al gusto. Batir bien hasta que la salsa sea de la consistencia de la mayonesa.

PARA 4 PORCIONES.

Boiled Pargo with Avocado Sauce

1 whole pargo or red snapper (about 3 pounds), cleaned
      thoroughly
salt and pepper, to taste
2 tablespoons white vinegar
1 onion, diced
bay leaf
1 sprig thyme
½ cup chopped fresh parsley

For Avocado Sauce:
1 avocado
1 tablespoon vinegar
3 tablespoons olive oil
juice of 1 lemon
salt and pepper, to taste

Place fish in a Dutch oven. Add salt, pepper, vinegar, onion, bay leaf, thyme, and chopped parsley. Add enough water to cover it completely and bring to a boil. Reduce heat, and simmer until fish is cooked. Serve fish with Avocado Sauce (see instructions below).

To prepare the Avocado Sauce: Peel avocado and crush the fruit or pass it through a sieve. Add vinegar, olive oil, lemon juice, and salt and pepper to taste. Beat well until the sauce is the consistency of mayonnaise.

MAKES 4 SERVINGS.

Pescado estofado

1 cebolla, picada
1 diente de ajo, picado
½ taza de aceite de oliva
6 tomates grandes ó 1 lata (de 16 onzas) de tomates enteros,
    picados
hoja de laurel
sal y pimienta, al gusto
1 pargo ó 1 serrucho de dos libras, partido en filetes
2 pimientos verdes grandes, partidos en cuatro partes

Saltear la cebolla y el ajo en aceite de oliva hasta que estén dorados; añadir los tomates, la hoja de laurel y la sal y la pimienta. Mezclar bien y saltear durante unos cinco minutos. Cuando todo esté bien cocido, quitar del fuego y hacer un puré con la mezcla en una batidora. Poner los filetes de pescado en el fondo de un horno mágico ("Dutch oven"). Cubrir con el puré de cebolla y tomate y añadir los trozos de pimientos verdes. Hervir la mezcla; disminuir el fuego, tapar bien, y cocer a fuego lento durante unos treinta minutos o hasta que el pescado esté cocido.

PARA 4 PORCIONES.

Stewed Fish

1 onion, chopped
1 clove garlic, minced
½ cup olive oil
6 large tomatoes or 1 can (16 ounces) whole tomatoes,
        chopped
bay leaf
salt and pepper, to taste
2 pounds pargo (red snapper) or *serrucho*, cut into fillets
2 large green peppers, quartered

Sauté onion and garlic in olive oil until translucent; add tomatoes, bay leaf, salt and pepper. Mix thoroughly and sauté for about 5 minutes. When well cooked, remove from heat and purée the mixture in a food processor or blender. Place fish fillets in bottom of a Dutch oven. Top with the onion-tomato purée and add the green pepper quarters. Bring mixture to a boil; reduce heat, cover tightly, and simmer for about 30 minutes or until fish is done.

MAKES 4 SERVINGS.

Escabeche

Aunque de origen español, esta forma de preparar el pescado es muy popular en Cuba. Es un plato muy bueno para las comidas campestres.

1 serrucho de 2 libras, partido en filetes
1 taza de aceite de oliva
3 cebollas, partidas en rodajas
2 dientes de ajo
hoja de laurel
½ cucharadita de granos de pimienta
½ cucharadita de paprika
pizca de tomillo o mejorana
2 docenas de aceitunas
2 pepinillos encurtidos, partidos en rodajas
½ taza de vinagre, calentado

Freír los filetes de pescado en aceite de oliva hasta que estén dorados. Sacar el pescado del aceite (conservando el aceite), secar con toallas de papel, y poner los filetes de pescado en una vasija de barro bien tapada. Saltear las cebollas, el ajo, la hoja de laurel, los granos de pimienta, la paprika y el tomillo en el aceite que quede. Cuando las cebollas estén bien cocidas, echar la mezcla sobre el pescado en la vasija; luego echar en la vasija las aceitunas, los pepinillos en rodajas y el vinagre caliente. Tapar bien y guardar durante la noche. El escabeche se conservará durante unos días.

PARA 4 PORCIONES.

Escabeche

Though of Spanish origin, this mode of preparing fish is very popular in Cuba. It is an unusually good dish for picnics.

2 pounds *serrucho*, cut into fillets
1 cup olive oil
3 onions, sliced
2 cloves garlic
bay leaf
½ teaspoon peppercorns
½ teaspoon paprika
pinch of thyme or marjoram
2 dozen olives
2 pickles, sliced
½ cup vinegar, heated

Fry fish fillets in olive oil until brown. Remove fish from oil (reserving oil), drain on paper towels, and place fish fillets in an earthen jar with a tight cover. Sauté onions, garlic, bay leaf, peppercorns, paprika, and thyme in remaining olive oil. When onions are cooked through, pour mixture over fish in jar. Then add olives, sliced pickles, and hot vinegar to the jar. Cover tightly and set aside overnight. The *escabeche* should keep for a few days.

MAKES 4 SERVINGS.

Langosta rellena

2 langostas
1 cebolla, picada
1 barra de mantequilla ó ½ taza de aceite de oliva
3 ó 4 tomates, pelados, sin pepas y picados
sal, pimienta y paprika, al gusto
1 taza de migas de pan, remojadas en un poco de leche
3 huevos, bien batidos
½ taza de ron Bacardi o de coñac
4 cucharadas de mantequilla
migas de galletas

Hervir las langostas y partirlas por la mitad, a lo largo. Sacar toda la carne y picarla muy fino. Conservar el caparazón.

Saltear la cebolla en mantequilla o aceite de oliva (en Cuba, se prefiere generalmente el aceite de oliva para el pescado). Añadir los tomates, la sal, la pimienta y la paprika y seguir salteando. Una vez que las cebollas y los tomates estén cocidos, retirar del fuego y añadir las migas de pan remojadas. Agregar los huevos batidos y el ron. Añadir la carne de langosta picada y mezclar bien.

Rellenar los caparazones de la langosta con la mezcla, salpicar abundantemente con mantequilla, rociar con migas de galletas y dorar en el horno.

PARA 4 PORCIONES.

Stuffed Lobster

2 lobsters
1 onion, chopped
1 stick butter or ½ cup olive oil
3 or 4 tomatoes, peeled, seeded, and chopped
salt, pepper, and paprika, to taste
1 cup bread crumbs, softened in a little milk
3 eggs, beaten well
½ cup Bacardi rum or cognac
4 tablespoons butter
cracker dust

Boil lobsters and cut in two, lengthwise. Extract all the meat and chop finely. Reserve shells.

Sauté onion in butter or olive oil (in Cuba, olive oil is generally preferred for fish). Add tomatoes, salt, pepper, and paprika, and continue to sauté. Once onions and tomatoes are cooked, remove from heat and add softened bread crumbs. Add beaten eggs and rum. Add chopped lobster meat and mix well.

Refill lobster shells with mixture; dot generously with butter, sprinkle with cracker dust, and brown in oven.

MAKES 4 SERVINGS.

Langosta habanera

2 cucharadas de mantequilla
1 cucharada de harina
1 taza de crema de leche
1 cucharada de sal
pimienta y paprika (o pimienta de chile), al gusto
3 yemas de huevo, bien batidas
1 langosta de dos libras, hervida con la carne sacada
2 cucharadas de jerez
2 cucharadas de ron Bacardi

Mezclar la mantequilla y la harina; añadir la crema poco a poco y cocer a fuego lento durante cinco minutos. Sazonar con sal, pimienta y paprika. Agregar las yemas de huevo batidas y la carne de la langosta en trozos; revolver bien. Inmediatamente antes de servir, añadir el jerez y el ron Bacardi. Mezclar bien.

PARA 2 PORCIONES.

Lobster Havanaise

2 tablespoons butter
1 tablespoon flour
1 cup cream
1 tablespoon salt
pepper and paprika (or cayenne), to taste
3 egg yolks, well beaten
1 2-pound lobster, boiled with meat removed
2 tablespoons sherry
2 tablespoons Bacardi rum

Mix butter and flour together, gradually add the cream and cook over low heat for 5 minutes. Season with salt, pepper, and paprika. Add beaten egg yolks, the lobster meat in pieces, stirring well. Just before serving, add sherry and Bacardi rum. Mix well.

MAKES 2 SERVINGS.

PLATOS ADICIONALES

❦·❦

SIDE DISHES

Revoltillo

3 cucharadas de mantequilla, dividido
1 cebolla pequeña, picada
3 tomates de tamaño medio, pelados, sin pepas y partidos en
       cubitos
1 pimiento verde, picado
2 cucharadas de perejil fresco picado
sal y pimienta, al gusto
⅓ de taza de guisantes pequeños
6 huevos, bien batidos

Derretir 2 cucharadas de mantequilla en una cazuela grande.
Añadir la cebolla, los tomates, el pimiento verde, el perejil, la sal y
la pimienta. Saltear durante unos minutos hasta que las cebollas
y los tomates estén tiernos. Agregar los guisantes, los huevos y la
cucharada restante de mantequilla. Revolver en la cazuela sobre
un fuego medio hasta que los huevos estén bien revueltos.

PARA 4 A 6 PORCIONES.

Cuban Scrambled Eggs

3 tablespoons butter, divided
1 small onion, minced
3 medium tomatoes, peeled, seeded, and diced
1 green pepper, minced
2 tablespoons fresh chopped parsley
salt and pepper, to taste
⅓ cup small green peas (petits pois)
6 eggs, well beaten

Melt 2 tablespoons butter in a large saucepan. Add onion, tomatoes, green pepper, parsley, and salt and pepper. Sauté for a few minutes until onions and peppers are tender. Add peas, eggs, and remaining 1 tablespoon butter. Stir over medium heat until eggs are well scrambled.

MAKES 4 TO 6 SERVINGS.

Tortilla de aguacate

6 huevos, bien batidos
3 cucharadas de leche
sal y pimienta, al gusto
4 cucharadas de mantequilla
½ aguacate, partido en cubitos

Mezclar los huevos, la leche, la sal y la pimienta en un tazón. Derretir la mantequilla en una cazuela grande sobre un fuego medio. Añadir la mezcla de huevo y, cuando la tortilla esté casi hecha, añadir los cubitos de aguacate. Dar la vuelta a la tortilla para que se cueza por el otro lado.

PARA 4 A 6 PORCIONES.

Avocado Omelet

6 eggs, well beaten
3 tablespoons milk
salt and pepper, to taste
4 tablespoons butter
½ avocado, diced

In a bowl, combine eggs, milk, and salt and pepper. Melt butter in a large saucepan over medium heat. Add the egg mixture, and when omelet is almost set, add diced avocado. Flip omelet to cook other side.

MAKES 4 TO 6 SERVINGS.

Frijoles negros

1 libra de frijoles negros
4 tazas de agua
sal y pimienta, al gusto
3 cucharadas de aceite de oliva
1 cebolla, picada
1 diente de ajo, picado
1 pimiento verde, picado
hoja de laurel
1 loncha pequeña de tocineta o una tajada de cerdo salado, par-
    tido en cubitos

Lavar muy bien los frijoles, luego hervirlos. Añadir sal y pimienta
sólo cuando los frijoles estén tiernos.

Calentar el aceite de oliva en una cazuela; agregar la cebolla, el
ajo, el pimiento verde, la hoja de laurel y la tocineta. Echar más sal
y pimienta, si se desea. Saltear hasta que la cebolla y el pimiento
estén cocidos.

Cuando los frijoles estén tiernos, añadir la mezcla de cebolla.
Cocer a fuego lento durante quince minutos, añadiendo más
agua si los frijoles se secan demasiado. Antes de servir, machacar
una taza de los frijoles para espesar la salsa o hacer un puré con
la mezcla de frijoles en una batidora.

PARA 6 A 8 PORCIONES.

Black Beans

1 pound dried black beans
4 cups water
salt and pepper, to taste
3 tablespoons olive oil
1 onion, chopped
1 clove garlic, minced
1 green pepper, minced
bay leaf
small slice bacon or salt pork, diced

Wash the beans thoroughly, then boil them in water. Add salt and pepper only after the beans are tender.

Heat olive oil in a saucepan; add onions, garlic, green pepper, bay leaf, and bacon. Add additional salt and pepper, if desired. Sauté until onions and peppers are cooked.

When beans are tender, add onion mixture. Simmer for 15 minutes, adding more water if beans become too dry. Before serving, crush 1 cup of the beans to thicken the sauce or purée the bean mixture in a food processor or blender.

MAKES 6 TO 8 SERVINGS.

Moros y cristianos

Utilizar los frijoles negros sobrantes para esta receta. Este plato se sirve a menudo con huevos fritos y plátanos fritos.

2 cucharadas de aceite de oliva
1 cebolla de tamaño medio, picada finamente
1 diente de ajo, picado
1 pimiento verde pequeño, sin pepas y picado muy fino
2 tomates de tamaño medio, pelados, sin pepas y picados
sal y pimienta
2 tazas de frijoles negros cocidos
1 taza de arroz crudo
2 tazas de agua fría

Calentar el aceite en una cazuela profunda tapada o en un horno mágico ("Dutch oven"); añadir la cebolla, el ajo, y el pimiento y saltear hasta que la cebolla esté tierna. Añadir los tomates y cocer, revolviendo, hasta que la mezcla esté bien hecha y sea espesa. Sazonar al gusto con sal y pimienta. Mezclar bien con los frijoles. Añadir el arroz y el agua, mezclando ligeramente. Tapar y cocer a fuego lento hasta que el arroz esté tierno y seco, después de absorber el agua.

PARA 4 A 6 PORCIONES.

Moors and Christians

Use leftover black beans (frijoles negros) for this recipe. This dish is often served with fried eggs and fried plantains.

2 tablespoons olive oil
1 medium onion, finely chopped
1 clove garlic, minced
1 small green pepper, seeded and finely chopped
2 medium tomatoes, peeled, seeded, and chopped
salt and pepper
2 cups cooked black beans
1 cup raw rice
2 cups cold water

Heat oil in a heavy, covered Dutch oven or saucepan; add the onion, garlic, and pepper and sauté until the onion is tender. Add tomatoes and cook, stirring, until the mixture is thoroughly blended and thick. Season to taste with salt and pepper. Stir in the beans, mixing well. Add the rice and water, mixing lightly. Cover and simmer over low heat until the rice is tender and all the water is absorbed.

MAKES 4 TO 6 SERVINGS.

Congris

Este plato de arroz con frijoles es popular en la parte este de la isla.

2 cucharadas de aceite vegetal (mezclado con una
     cucharada de annoto/achiote)
1 cebolla mediana, picada finamente
1 diente de ajo, picado
1 pimiento verde, sin pepas y picado
2 tomates medianos, pelados, sin pepas y picados
sal y pimienta
2 tazas de frijoles rojos pequeños cocidos
1 taza de arroz crudo
2 tazas de agua fría

Calentar el aceite en una cacerola profunda o en una cazuela tapada. Añadir la cebolla y el ajo, y saltear hasta que la cebolla esté tierna. Agregar el pimiento y los tomates y cocer, revolviendo hasta que la mezcla esté espesa. Sazonar con sal y pimienta al gusto. Echar los frijoles, mezclando bien. Añadir el arroz y el agua, mezclando ligeramente. Tapar y cocer a fuego muy lento hasta que el arroz esté tierno y no quede agua, durante unos veinte minutos. Esponjar el arroz con un tenedor antes de servir.

PARA 4 A 6 PORCIONES.

Red Beans and Rice

This is the popular rice and bean dish of the eastern part of the island.

2 tablespoons vegetable oil (mixed with 1 tablespoon
     annoto/achiote)
1 medium onion, finely chopped
1 clove garlic, minced
1 green bell pepper, seeded, and chopped
2 medium tomatoes, peeled, seeded, and chopped
salt and pepper
2 cups cooked red kidney beans
1 cup raw rice
2 cups cold water

Heat oil in a heavy, covered casserole or saucepan. Add onion and garlic, and sauté until onion is tender. Add the pepper and tomatoes and cook, stirring, until the mixture is thick and well blended. Season with salt and pepper to taste. Stir in the beans, mixing well. Add the rice and water, mixing lightly. Cover and cook over very low heat until the rice is tender and all the water is absorbed, about 20 minutes. Fluff rice with a fork before serving.

MAKES 4 TO 6 SERVINGS.

Garbanzos

1 libra de garbanzos
2 lonchas de tocineta ó 2 tajadas de cerdo salado, partidos
    en pedazos
1 cucharada de mantequilla
2 cucharadas de aceite de oliva
1 cebolla, picada
1 diente de ajo, picado
4 tomates, pelados, sin pepas y partidos en cubitos
2 cucharadas de perejil fresco picado
3 papas pequeñas, peladas y partidas en pedazos pequeños
1 taza de acederas o espinacas frescas picadas
¼ de cucharadita de paprika
algunas fibras de azafrán

Remojar los garbanzos durante la noche cubiertos de agua salada.

Cuando todo esté listo para cocer los garbanzos, hervir cuatro tazas de agua. Añadir los garbanzos junto con la tocineta, disminuir el fuego y cocer a fuego lento, con la cazuela tapada, hasta que los garbanzos estén tiernos (aproximadamente una hora y quince minutos). Agregar más agua si los garbanzos empiezan a secarse.

Mientras tanto, calentar mantequilla y aceite de oliva en una cazuela. Añadir la cebolla, el ajo, los tomates y el perejil. Saltear hasta que las cebollas estén tiernas (durante unos 5 a 10 minutos).

Cuando los garbanzos estén tiernos, agregar las papas y las acederas. Dejar seguir cociendo a fuego lento hasta que las papas estén tiernas (aproximadamente 10 minutos), luego añadir a los garbanzos la mezcla de cebolla y tomates. Echar la paprika y el azafrán, si se desea.

PARA 6 A 8 PORCIONES.

Chick-pea Porridge

1 pound dried chick-peas
2 slices bacon or salt pork, cut into pieces
1 tablespoon butter
2 tablespoons olive oil
1 onion, chopped
1 clove garlic, minced
4 tomatoes, peeled, seeded, and diced
2 tablespoons fresh chopped parsley
3 small potatoes, peeled and cut into small pieces
1 cup chopped fresh sorrel or spinach
¼ teaspoon paprika
few strands saffron

Soak chick-peas overnight in enough salted water to cover them.

When ready to cook porridge, bring about 4 cups water to boil. Add chick-peas along with bacon, reduce heat, and simmer, covered, until chick-peas are tender (about 1 hour and 15 minutes). Add more water if chick-peas begin to dry out.

Meanwhile, heat butter and olive oil in a saucepan. Add onion, garlic, tomatoes, and parsley. Sauté until onions are tender (about 5 to 10 minutes).

When chick-peas are tender, add potatoes and sorrel. Continue to simmer until potatoes are tender (about 10 minutes), then add onion-tomato mixture to the chick-peas. Mix in paprika and saffron, if desired.

MAKES 6 TO 8 SERVINGS.

Tamal en cazuela

Este plato delicioso se hace con maíz fresco que debe ser más duro que el que se come en la mazorca. El maíz verde muy tierno es demasiado acuoso y no tiene fécula suficiente para hacerse más grueso.

15 mazorcas de maíz
4 cucharadas de mantequilla o de manteca de cerdo
1 libra de cerdo sin grasa, partido en pedazos pequeños
jugo de 1 naranja agria o de 2 limas
2 cebollas, picadas
2 dientes de ajo, picados
4 tomates, pelados, sin pepas y picados
1 pimiento verde, picado
1 cucharada de perejil fresco picado
sal y pimienta, al gusto

Rallar el maíz para quitar los granos. Echar las mazorcas en un recipiente con unas cuatro tazas de agua. Frotar las mazorcas unas contra otras para extraer el jugo y la harina. Sacar las mazorcas, y mezclar el agua con los granos de maíz, luego pasar todo por un colador para quitar los pedazos pequeños de membrana que cubren cada grano.

Mientras tanto, calentar la mantequilla en una cazuela grande y añadir el cerdo. Cuando el cerdo esté dorado, agregar el jugo de naranja agria, la cebolla, el ajo, los tomates, el pimiento verde y el perejil. Cocer a fuego lento, con la cazuela tapada, hasta que el cerdo esté tierno (aproximadamente 15 minutos). Luego añadir el maíz colado y subir el fuego hasta que sea mediano, revolver bien hasta que la mezcla esté espesa. Antes de servir, dejar reposar, bien tapada la cazuela, por unos 15 minutos.

Soft Tamal

This delightful dish is made with fresh corn which must be harder than that which is eaten on the cob. The very young green corn is too watery and does not contain sufficient starch to thicken.

15 ears corn
4 tablespoons butter or lard
1 pound lean pork, cut into small pieces
juice of 1 sour orange or 2 limes
2 onions, minced
2 cloves garlic, minced
4 tomatoes, peeled, seeded, and minced
1 green pepper, minced
1 tablespoon chopped fresh parsley
salt and pepper, to taste

Grate corn to remove kernels. Place the cobs in a basin with about 4 cups water. Rub the cobs against each other to extract the juice and meal within them. Remove cobs and mix the water with the corn kernels; then pass the whole through a sieve to remove the little pieces of membrane which cover each kernel.

Meanwhile, heat butter in a large saucepan and add pork. When pork is brown, add sour orange juice, onion, garlic, tomatoes, green pepper, and parsley. Simmer, covered, over low heat until pork is tender (about 15 minutes). Then add the strained corn and raise heat to medium, stirring well until mixture has thickened. Before serving, let stand, well covered, for about 15 minutes.

Sugerencia para servir: Este plato puede comerse caliente o puede ponerse en un molde y dejar que se enfríe y se haga espeso en la nevera. Es un plato excelente para el almuerzo. Si se desea, puede adornarse el fondo del molde con pimientos verdes picados, huevos duros, tomates en rajas y aceitunas.

PARA 6 A 8 PORCIONES.

Pastel de maíz

Corteza:

15 mazorcas de maíz maduro
1 barra (¼ de libra) de mantequilla
1 cucharadita de sal
1 cucharada de azúcar
4 yemas de huevo, batidas

Relleno:

1 pollo o una libra y media de cerdo fresco ó 3 codornices
4 cucharadas de mantequilla
1 cebolla grande, picada
6 tomates, pelados y sin pepas, picados
sal y pimienta, al gusto
¼ de taza de caldo o de agua
1 cucharada de alcaparras
1 cucharada de aceitunas sin hueso
1 cucharada de uvas pasas
10 ciruelas pasas sin hueso

Serving suggestion: This dish can be eaten hot or placed in a mold and left to cool and harden in the refrigerator. It makes an excellent dish for lunch. If desired, the bottom of the mold can be decorated with chopped green peppers, hard-boiled egg, sliced tomatoes, and olives.

MAKES 6 TO 8 SERVINGS.

Corn Pie

Crust:
15 ears ripe corn
1 stick (¼ pound) butter
1 teaspoon salt
1 tablespoon sugar
4 egg yolks, beaten

Filling:
1 chicken or 1½ pounds fresh pork or 3 quails
4 tablespoons butter
1 large onion, chopped
6 tomatoes, peeled and seeded, chopped
salt and pepper, to taste
¼ cup broth or water
1 tablespoon capers
1 tablespoon stoned olives
1 tablespoon raisins
10 prunes, stewed and stoned

Rallar el maíz para quitar los granos. Echar las mazorcas en una cazuela con aproximadamente dos tazas de agua. Frotar las mazorcas unas con otras para extraer el jugo y la harina. Quitar las mazorcas y mezclar el agua con los granos de maíz, luego pasar todo por un colador para quitar los pedazos pequeños de membranas que cubren cada grano y hacer una masa.

Poner la masa de maíz en una cacerola con mantequilla, sal, y azúcar, revolviendo constantemente sobre un fuego medio hasta que se ponga espesa y se haga sólida. Quitarla del fuego y dejarla enfriar. Mientras la mezcla se enfría, preparar el relleno (véanse las instrucciones a continuación). Añadir las yemas de huevo (reservar como un cuarto de taza para frotar después) cuando la mezcla se haya enfriado, mezclando todo bien.

Para preparar el relleno: Partir el pollo (o el cerdo o la codorniz) en pedazos. Dorar los pedazos de pollo en mantequilla; cuando estén dorados, agregar las cebollas, los tomates, la sal y la pimienta. Disminuir el fuego y cocer a fuego lento, con la cazuela tapada, añadiendo un poco de caldo o de agua si la mezcla se seca demasiado. Cuando la carne esté cocida, quitar los huesos, y agregar las alcaparras, las aceitunas, las uvas y las ciruelas pasas.

Cubrir un plato para pastel de nueve pulgadas de hondo con ⅔ de la mezcla de la masa de maíz. Añadir el relleno, y cubrir con la masa de maíz restante. Frotar la parte de arriba del pastel con la yema de huevo restante. Hornear a 375 grados durante unos cuarenta minutos o hasta que la parte de arriba esté bien dorada.

PARA 6 PORCIONES.

Grate corn to remove kernels. Place the cobs in a basin with about 2 cups water. Rub the cobs against each other to extract the juice and meal within them. Remove cobs, and mix the water with the corn kernels; then pass the whole through a sieve to remove the little pieces of membrane which cover each kernel, and create a paste.

Place the corn paste in a skillet with butter, salt, and sugar, stirring constantly over medium heat until it thickens and becomes firm. Remove from heat and allow to cool. While mixture is cooling, prepare the filling (see directions below). Add egg yolks (retaining about ¼ cup for brushing later) when mixture has cooled, mixing well.

To prepare the filling: Cut up the chicken (or pork or quail) into a few pieces. Brown the chicken pieces in butter; when brown, add onions, tomatoes, and salt and pepper. Reduce heat, and simmer, covered, adding a little broth or water if mixture becomes too dry. When meat is cooked, remove the bones, and add capers, olives, raisins, and prunes.

Line a deep 9-inch pie plate with ⅔ of the corn paste mixture. Add filling, and top with remaining corn paste. Brush top of pie with remaining egg yolk. Bake at 375 degrees for about 40 minutes or until top is nicely browned.

MAKES 6 SERVINGS.

Plátanos en tentación

Este plato excelente puede servirse con pollo asado, pavo o cualquier otro asado.

1 barra (8 cucharadas) de mantequilla
5 plátanos o bananos grandes, pelados y partidos en rajas grandes
3 cucharadas de azúcar
¾ de taza de jerez o vino tinto
canela en polvo

Derrretir la mantequilla en un sartén hondo. Freír los plátanos en mantequilla hasta que estén dorados, teniendo cuidado de no romperlos al volverlos.

En un sartén aparte, freír azúcar hasta que se caramelice, teniendo cuidado de que no se queme. Rociar el azúcar sobre los plátanos en mantequilla. Agregar el vino y echar por encima bastante canela en polvo. Tapar el sartén y dejar cocer a fuego lento durante unos 15 a 20 minutos.

PARA 6 A 8 PORCIONES.

Bananas in Wine

This excellent dish can be served with roast chicken, turkey, or any other roast.

1 stick (8 tablespoons) butter
5 plantains or large bananas, peeled and cut into large slices
3 tablespoons sugar
¾ cup sherry or red wine
powdered cinnamon

Melt butter in a deep frying pan. Fry plantains in butter until brown, being careful not to break them when turning over.

In a separate pan, heat sugar until it caramelizes, (be careful not to let it burn). Sprinkle sugar over plantains in butter. Add wine and sprinkle generously with powdered cinnamon. Cover, and allow to simmer slowly for 15 to 20 minutes.

MAKES 6 TO 8 SERVINGS.

Quimbombó

Este plato suele servirse como plato de vegetales acompañado de arroz blanco.

1 quimbombó pequeño de 2 libras, muy tierno
jugo de 1 limón
4 cucharadas de mantequilla o de aceite de oliva
1 cebolla, picada
1 diente de ajo, picado
4 tomates, partidos en cubitos
1 pimiento verde, partido en cubitos
2 clavos
hoja de laurel
sal y pimienta
1 loncha de jamón ó ½ libra de cerdo fresco, partido en
       pequeños pedazos
2 tazas de caldo
2 plátanos medio maduros, pelados y partidos en
       pedazos grandes

Lavar bien el quimbombó. Partir en rajas finas las cabezas y las puntas de las vainas. Echar el quimbombó en un tazón y cubrirlo de agua y el jugo de un limón mientras se prepara el mojo.

Derretir la mantequilla en una cacerola o sartén grande. Añadir la cebolla, el ajo, los tomates, el pimiento verde, los clavos, la hoja de laurel y sal y pimienta al gusto. Saltear hasta que las cebollas y los pimientos estén tiernos. Agregar el jamón o el cerdo, y cubrir con el caldo. Cocer a fuego lento durante 10 a 15 minutos hasta que el cerdo esté tierno. Añadir el quimbombó, tapando bien la cacerola, y dejar cocer durante 15 a 20 minutos más, o hasta que el quimbombó esté tierno. Preparar el plátano cocido y majado mientras se cuece el quimbombó.

Okra

This dish is usually served as a vegetable accompanied by white rice.

2 pounds small young okra, very tender
juice of 1 lemon
4 tablespoons butter or olive oil
1 onion, minced
1 clove garlic, minced
4 tomatoes, diced
1 green pepper, diced
2 cloves
bay leaf
salt and pepper
1 slice ham or ½ pound fresh pork, cut into small pieces
2 cups broth
2 half-ripe plantains, peeled and cut into large pieces

Wash okra thoroughly. Cut heads and ends of pods; slice thinly. Place okra in a bowl and cover with water and juice of 1 lemon while you prepare the seasoning (*mojo*).

Melt butter in a large pan. Add onion, garlic, tomatoes, green pepper, cloves, bay leaf, and salt and pepper to taste. Sauté until onions and peppers are tender. Add ham or pork, and cover with broth. Simmer over low heat for 10 to 15 minutes until pork is tender. Add okra, cover saucepan well, and continue to cook for an additional 15 to 20 minutes or until okra is tender. Prepare "fufu" while okra is cooking.

Para preparar el plátano cocido y majado: hervir los pedazos de plátano hasta que estén tiernos. Sacarlos del agua y majar los pedazos mientras están calientes aún. Hacer bolas con los plátanos majados. Agregar las bolas de plátanos majados al quimbombó inmediatamente antes de servirlo.

PARA 6 A 8 PORCIONES.

To prepare "fufu": boil plantain pieces until tender. Remove from water and mash the pieces while still hot. Form the mashed plantain into balls. Add "fufu" balls to the *quimbombó* just before serving.

MAKES 6 TO 8 SERVINGS.

Calabaza amarilla (locro)

*En este plato preferido, novedoso y delicioso, los vegetales esto-
fados sirven de base para una gran variedad de aderezos.*

1 calabaza amarilla de 2 libras
2 cucharadas de aceite de oliva
4 tomates, pelados y picados
1 cebolla grande, picada
1 diente de ajo, picado
1 pimiento verde, picado
sal y pimienta
aderezo de aceite y vinagre
guarnición: aceitunas, queso crema, fresco, huevos duros,
        camarones

Pelar la calabaza y partir la pulpa en cubos. Calentar el aceite de
oliva en una olla grande. Añadir los tomates, la cebolla, el ajo y el
pimiento verde. Sazonar con sal y pimienta al gusto. Saltear hasta
que las cebollas estén tiernas. Agregar los pedazos de calabaza,
tapar bien la olla, y cocer a fuego lento hasta que la calabaza esté
bien cocida (unos 20 a 30 minutos). El vapor de su propio jugo
debe cocerla sin necesidad de añadir agua. Agregar unas pocas
cucharadas de aceite y vinagre si la mezcla se seca.

Servir la calabaza en un plato, rodeada de aceitunas, trozos de
queso crema, huevos duros y camarones.

PARA 6 A 8 PORCIONES.

Pumpkin or Yellow Squash (Locro)

In this amusing, novel, and altogether charming dish, the stewed vegetable serves as a basis for a variety of garnishes.

2 pounds pumpkin or yellow squash
2 tablespoons olive oil
4 tomatoes, peeled and chopped
1 large onion, minced
1 clove garlic, minced
1 green pepper, minced
salt and pepper
oil and vinegar dressing
garnishes: olives, fresh cream cheese, hard-boiled eggs,
     shrimps

Peel pumpkin and cut meat into cubes. Heat olive oil in a large pot. Add tomatoes, onion, garlic, and green pepper. Season with salt and pepper to taste. Sauté until onions are tender. Add the pumpkin pieces, cover pot tightly, and simmer until pumpkin is well done (about 20 to 30 minutes). The steam from its own juice should cook it without necessity of adding any water. Add a few spoonfuls of oil and vinegar dressing if mixture gets dry.

Serve pumpkin on a platter, surrounded by olives, pieces of cream cheese, hard-boiled eggs, and shrimps.

MAKES 6 TO 8 SERVINGS.

Aguacates rellenos

Este plato original puede servirse como entremés o como ensalada.

3 aguacates

Para el relleno:
½ taza de papas hervidas, partidas en cubitos
½ taza de zanahorias hervidas, partidas en cubitos
½ taza de guisantes pequeños
½ taza de remolacha, partida en cubitos
½ taza de frijoles verdes, partidos en cubitos
½ taza de puntas de espárragos hervidas, partidas en cubitos
3 cucharadas de aceite de oliva
2 cucharadas de vinagre
2 cucharadas de mayonesa
sal y pimienta

Pelar cada aguacate, quitándoles la piel con mucho cuidado. Partir cada aguacate por la mitad, a lo largo. Quitar la pepa grande del centro para crear una cavidad, y seis mitades de aguacate con hueco.

Combinar todos los ingredientes del relleno y mezclar bien. Rellenar cada mitad de aguacate con la mezcla de vegetales. Servir en una capa de hojas de lechuga.

Ingredientes de relleno facultativos: huevos duros picados, pimientos verdes asados picados, rajas de pepino y aderezo ruso.

PARA 6 PORCIONES.

Stuffed Avocados

This creative dish can be served as an hors d'oeuvre or as a salad.

3 avocados

For the stuffing:
½ cup diced, boiled potatoes
½ cup diced, boiled carrots
½ cup small green peas
½ cup diced beets
½ cup chopped string beans
½ cup boiled, diced asparagus tips
3 tablespoons olive oil
2 tablespoons vinegar
2 tablespoons mayonnaise
salt and pepper

Peel each avocado, pulling off its skin very carefully. Cut each avocado in two, lengthwise. Remove the large seed in the center to create a cavity, and 6 avocado shells.

Combine all the stuffing ingredients and mix well. Stuff each avocado half with the vegetable mixture. Serve on a bed of lettuce leaves.

Optional stuffing ingredients: chopped hard-boiled eggs, chopped roasted green peppers, cucumber slices, and Russian dressing.

MAKES 6 SERVINGS.

CARNES

❖

MEATS

Salpicón

Para la ensalada:
1½ taza de carne de res asada, picada, fria
1½ taza de pollo asado, picado, frío
3 tazas de papas hervidas, picadas en cubitos
1 pimiento verde grande, picado y sin pepas
1 taza de lechuga picada
¼ de taza de cebolla picada finamente
1 cucharada de alcaparrras
½ taza de aceitunas verdes picadas rellenas de pimientos
2 pimientos, picados

Para el aderezo:
1 taza de aceite de oliva
⅓ de taza de vinagre
sal y pimienta
hojas de lechuga para adorno

Combinar los ingredientes de la ensalada (carne de res asada fría — pimientos). En un tazón aparte, combinar los ingredientes del aderezo, batiéndolos para que se mezclen bien. Echar el aderezo sobre la ensalada, y revolver ligeramente.

Servir la ensalada sobre hojas de lechuga.

PARA 6 PORCIONES.

Meat Salad

For the salad:
1½ cups cold roast beef, chopped
1½ cups cold roast chicken, chopped
3 cups boiled, cubed potatoes
1 large green bell pepper, seeded and chopped
1 cup chopped lettuce
¼ cup finely chopped onion
1 tablespoon capers
½ cup sliced pimento-stuffed green olives
2 pimentos, chopped

For the dressing:
1 cup olive oil
⅓ cup vinegar
salt and pepper
lettuce leaves for garnish

Combine the salad ingredients (cold roast beef — pimentos). In a separate bowl, combine the dressing ingredients, whisking to blend well. Pour dressing over the salad, and toss lightly.

Serve salad over lettuce leaves.

MAKES 6 SERVINGS.

Bisté en rollo

Este plato se sirve mejor con puré de papas y un vegetal verde simple.

2½ libras de bisté de ijada
sal y pimienta
¼ de taza de jugo de lima o de jugo de limón, dividido
1 diente de ajo, triturado
4 onzas de jamón, partido en lonchas
1 zanahoria, partida en tiras
1 cucharadita de azúcar
1 cucharada de mantequilla sin sal
1 cucharada de vinagre rojo
3 cucharadas de vino tinto seco
3 cucharadas de aceite vegetal
1 hoja de laurel
1 cebolla grande, partida en rajas finas
1 pimiento verde, sin pepas y picado
½ cucharadita de orégano
4 tomates medianos, pelados, sin pepas y picados
1 pimiento morrón, picado

Frotar un lado del bisté con sal y pimienta, y una cucharada de jugo de lima y el ajo. Cubrir el bisté con una capa de lonchas de jamón. Echar el jugo de lima restante sobre las zanahorias y separarlo durante dos minutos. Escurrir y echar las tiras de zanahoria sobre el jamón. Rociar con azúcar y salpicar con mantequilla. Enrollar el bisté, sujetarlo con palillos o pinchos, luego atarlo con hilo de cocina en los dos extremos y en el medio. Echar el vinagre y el vino sobre el bisté y dejar adobar durante treinta minutos.

Rolled Steak

This dish is best served with mashed potatoes and a simple green vegetable.

2½ pounds flank steak
salt and pepper
¼ cup lime juice or lemon juice, divided
1 clove garlic, crushed
4 ounces ham, cut into strips
1 carrot, cut into julienne strips
1 teaspoon sugar
1 tablespoon unsalted butter
1 tablespoon red wine vinegar
3 tablespoons dry red wine
3 tablespoons vegetable oil
1 bay leaf
1 large onion, thinly sliced
1 green bell pepper, seeded and chopped
½ teaspoon oregano
4 medium tomatoes, peeled, seeded, and chopped
1 pimento, chopped

Rub one side of the steak with salt and pepper, and 1 tablespoon lime juice and the garlic. Cover steak with a layer of ham strips. Pour remaining lime juice over carrots and set aside 2 minutes. Drain and arrange carrot slices over ham. Sprinkle with sugar and dot with butter. Roll the steak with the grain, fasten with toothpicks or skewers, then tie with kitchen string at both ends and the middle. Pour vinegar and wine over steak and allow to marinate 30 minutes.

Sacar el bisté del adobo y secarlo con toallas de papel (guardar el adobo). Calentar el aceite en una cazuela grande o en una olla y dorar el bisté. Añadir la hoja de laurel, la cebolla, el pimiento verde, el orégano, los tomates, el pimiento morrón y el adobo. Tapar y cocer a fuego lento hasta que el bisté esté tierno, durante unas dos horas y media, y casi todo el líquido se haya evaporado, quedando una salsa espesa. Servir el bisté con la salsa sobre él.

PARA 4 A 6 PORCIONES.

Picadillo

Este plato apetitoso y nutritivo puede servirse solo como un tipo de picadillo, utilizarse como relleno en otros platos, o servirse con arroz.

2 libras de carne de res sin grasa (para el estofado), partida en
     cubos de pulgada y media
1 cucharadita de sal, dividido
2 cucharadas de aceite de oliva
1 cebolla, picada
3 dientes de ajo, triturados
3 tomates grandes, pelados, sin pepas y picados
1 pimiento rojo, picado
12 aceitunas rellenas con pimiento
¼ de cucharadita de clavos molidos
2 cucharaditas de vinagre
¾ de taza de uvas pasas

Lift steak out of marinade and pat dry with paper towels (reserve marinade). Heat oil in heavy casserole or stock pot and brown steak all over. Add the bay leaf, onion, bell pepper, oregano, tomatoes, pimento, and the marinade. Cover and cook over low heat until the steak is tender, about 2½ hours, and most of the liquid has evaporated, leaving a thick sauce. Serve steak with the sauce poured over it.

MAKES 4 TO 6 SERVINGS.

Cuban Beef Hash

This tempting and hearty dish can be served alone as a kind of hash, used as a stuffing in other dishes, or served over rice.

2 pounds lean beef (for stew), cut into 1½-inch cubes
1 teaspoon salt, divided
2 tablespoons olive oil
1 onion, minced
3 cloves garlic, crushed
3 large tomatoes, peeled, seeded, and chopped
1 red bell pepper, chopped
12 pimento stuffed olives
¼ teaspoon ground cloves
2 teaspoons vinegar
¾ cup golden raisins

Echar la carne de res en una cazuela o en un horno mágico ("Dutch oven"). Añadir media cucharadita de sal y suficiente agua para cubrir simplemente la carne. Hacer hervir, disminuir el fuego, y cocer a fuego lento, con la cazuela tapada, durante aproximadamente hora y media. Quitar la tapadera y dejar que siga cociendo a fuego lento hasta que el líquido casi se haya evaporado.

Calentar el aceite en un horno mágico ("Dutch oven") y saltear la cebolla y el ajo hasta que estén tiernos. Agregar los tomates y cocer a fuego lento durante unos cinco minutos. Añadir el pimiento rojo, las aceitunas enteras, los clavos molidos y el vinagre y cocer a fuego lento durante 10 a 15 minutos hasta que los tomates estén cocidos y tengan una consistencia semejante a la de una salsa. Agregar la carne de res y las uvas y cocer 10 minutos más, revolviendo con frecuencia.

PARA 4 PORCIONES.

Place the beef in a casserole or Dutch oven. Add ½ teaspoon salt and enough water to just cover the meat. Bring to a boil, lower heat, and simmer, covered, for about 1½ hours. Remove the cover and continue to simmer until the liquid has almost evaporated.

Heat oil in a Dutch oven and sauté onion and garlic until tender. Add the tomatoes and simmer for 5 minutes. Add the red pepper, whole olives, ground cloves, and vinegar, and simmer 10 to 15 minutes until the tomatoes are cooked to a sauce-like consistency. Add the beef and raisins and cook 10 minutes more, stirring frequently.

MAKES 4 SERVINGS.

Ropa vieja

2 libras de carne de res (para el estofado), de preferencia
     ijada, partida en cubos de pulgada y media
2 lonchas de tocineta o de jamón
1 zanahoria grande, partida en pedazos grandes
1 nabo, partido en pedazos grandes
1 puerro, partido en pedazos grandes
2 cucharadas de aceite de oliva
1 cebolla, picada
1 diente de ajo grande, picado
1 pimiento verde, picado
4 tomates ó 1 lata (de 16 onzas) de tomates enteros,
     pelados, sin pepas y picados
1 hoja de laurel
2 clavos
sal y pimienta
¼ de cucharadita de paprika
¼ de taza de migas de pan, finas
4 pimientos morrones, dividido
2 cucharadas de perejil fresco picado
¾ de taza de cuscurros

Combinar en un horno mágico ("Dutch oven") la carne de res, la
tocineta, la zanahoria, el nabo, y el puerro. Cubrir con agua y
hervir. Disminuir el fuego y hervir a fuego lento, con la cazuela
muy bien tapada, durante unas 3 horas, o hasta que la carne
esté muy tierna. Sacar la carne de la cazuela (reservando el
extracto de carne en un tazón aparte), y picarla y despedazarla
con un tenedor hasta que quede como hilos. Por eso se le llama
"ropa vieja."

Stewed Beef with Vegetables
("Rags" or "Old Clothes")

2 pounds beef (for stew), preferably flank, cut into
      1½-inch cubes
2 slices bacon or ham
1 large carrot, cut in large pieces
1 turnip, cut in large pieces
1 leek, cut in large pieces
2 tablespoons olive oil
1 onion, chopped
1 large clove garlic, minced
1 green pepper, chopped
4 tomatoes or 1 can (16 ounces) whole tomatoes,
      peeled, seeded, and chopped
1 bay leaf
2 cloves
salt and pepper
¼ teaspoon paprika
¼ cup fine bread crumbs
4 Spanish pimentos, divided
2 tablespoons chopped fresh parsley
¾ cup croutons

In a Dutch oven, combine beef, bacon, carrot, turnip, and leek. Cover with water and bring to a boil. Reduce heat and simmer, covered tightly, for about 3 hours, or until meat is very tender. Remove meat from pan (reserving stock in a separate bowl), and pound it and shred it with a fork until it is thread-like. This is how the recipe gets its name—"Rags."

Mientras tanto, calentar el aceite en un horno mágico ("Dutch oven"). Añadir la cebolla y el ajo y saltear hasta que estén tiernos. Agregar el pimiento verde, los tomates, la hoja de laurel, los clavos, la sal, la pimienta y la paprika. Hervir a fuego lento durante unos diez minutos hasta que los tomates tengan una consistencia semejante a la de una salsa. Añadir el extracto reservado en el que se coció la carne. Espesar con las migas de pan y añadir 2 pimientos morrones, picados. Agregar la carne despedazada, y seguir hirviendo a fuego lento durante unos 20 minutos, revolviendo de vez en cuando.

Para servir, adornar cada plato de estofado con algunos pimientos morrones partidos en rajas, perejil picado y cuscurros.

PARA 6 PORCIONES.

Meanwhile, heat oil in the Dutch oven. Add onion and garlic and sauté until tender. Add green pepper, tomatoes, bay leaf, cloves, salt, pepper, and paprika. Simmer for about 10 minutes until tomatoes are of a sauce-like consistency. Add reserved stock in which meat was cooked. Thicken with bread crumbs and add 2 chopped pimentos. Add shredded meat, and continue to simmer for about 20 minutes, stirring occasionally.

To serve, garnish each dish of stew with some diced pimento, chopped parsley, and croutons.

MAKES 6 SERVINGS.

Albóndigas

1 libra de carne de res molida sin grasa
1 libra de carne de cerdo molida sin grasa
1 cebolla, picada finamente, dividido
1 diente de ajo, triturado
3 cucharadas de mantequilla
3 cucharadas de migas de pan
3 huevos, separados
sal, pimienta y nuez moscada
2 cucharadas de aceite de oliva
4 tomates, pelados, sin pepas y picados
1 cucharada de alcaparras
2 tazas de caldo de carne de res

Combinar la carne de res, el cerdo y la mitad de la cebolla picada
con el ajo, la mantequilla, las migas de pan, las yemas de huevo,
la sal, la pimienta y la nuez moscada. En un tazón aparte, batir las
claras de los huevos hasta que el batido esté a punto de nieve.
Agregar las claras de huevo a la mezcla de carne y mezclar bien
todo. Formar bolas.

Calentar el aceite de oliva en una cazuela y añadir la cebolla
restante y los tomates. Saltear hasta que la cebolla y los tomates
estén tiernos. Añadir las alcaparras, el caldo de carne de res y la
sal si es necesario. Hervir a fuego lento hasta que la salsa se espese
un poco. Agregar las albóndigas y seguir hirviendo a fuego lento
hasta que las albóndigas estén cocidas, durante aproximadamente 20 a 30 minutos.

PARA 6 PORCIONES.

Meat Balls

1 pound lean ground beef
1 pound lean ground pork
1 onion, minced fine, divided
1 clove garlic, crushed
3 tablespoons butter
3 tablespoons bread crumbs
3 eggs, separated
salt, pepper, nutmeg
2 tablespoons olive oil
4 tomatoes, peeled, seeded, and chopped
1 tablespoon capers
2 cups beef broth

Combine beef, pork, and ½ of the minced onion with garlic, butter, bread crumbs, egg yolks, salt, pepper, and nutmeg. In a separate bowl, beat egg whites until stiff peaks form. Add egg whites to meat mixture and mix together thoroughly. Form into balls.

In a large saucepan, heat olive oil and add remaining onion and the tomatoes. Sauté until onions and tomatoes are tender. Add capers, beef broth, and salt if necessary. Simmer until sauce thickens slightly. Add meatballs and continue to simmer until meatballs are cooked, about 20 to 30 minutes.

MAKES 6 SERVINGS.

Lechón asado

Éste es un plato favorito en Cuba, especialmente para la cena de Nochebuena. En el pasado se acostumbraba asar el lechón en una brocheta, sobre un fuego de leña, con muchas hojas. No obstante, hoy muchos lechones se asan en el horno.

1 lechón de 10 a 12 libras preparado para asar
sal
1 cebolla, picada
4 dientes de ajo, triturados
2 cucharadas de hierbas mezcladas picadas (perejil, tomillo,
     hojas de laurel, etc.)
pimienta
½ cucharadita de clavos molidos
¼ de taza de aceite de oliva o mantequilla derretida
jugo de 1 naranja agria o de 1 lima

Lavar con agua fría el lechón limpio y preparado y secarlo. Poner el lechón en una parrilla en una cazuela para asar, grande y llana. Salarlo fuera y por dentro. Rellenarlo con cebolla picada, y cerrar la abertura con pinchos o hilo de cocina. Juntar de nuevo los perniles y atarlos con hilo. Poner una bola de papel de aluminio en la boca para mantenerla abierta mientras se asa.

Combinar el ajo triturado, las hierbas mezcladas, la pimienta y los clavos molidos. Frotar el lechón por fuera con esta mezcla. Untar el lechón con aceite o mantequilla derretida, y echar el jugo de naranja agria o el jugo de lima sobre él. Cubrir el lechón ligera-mente con papel de aluminio y asarlo en el horno a una tempera-atura de 325 grados, durante tres horas, rociándolo con los jugos de la cazuela cada hora. Quitar el papel de aluminio y asar

Roast Suckling Pig

This dish is a great favorite in Cuba, especially for Christmas Eve dinner. In the past it was customary to roast the baby pig on a spit, over a wood fire, with plenty of guava leaves. Today, however, many suckling pigs are cooked in the oven.

10 to 12 pound oven-ready suckling pig
salt
1 onion, chopped
4 cloves garlic, crushed
2 tablespoons chopped mixed herbs (parsley, thyme,
     bay leaves, etc.)
pepper
½ teaspoon ground cloves
¼ cup olive oil or melted butter
juice of 1 sour orange or lime

Wash the cleaned and prepared pig in cold water and wipe dry. Place pig on a rack in a large, shallow roasting pan. Sprinkle inside and outside with salt. Fill the cavity with chopped onion, and close the opening with skewers or kitchen string. Draw the legs back and tie with string. Place a ball of crumpled aluminum foil in the mouth to keep it open during cooking.

Combine crushed garlic, mixed herbs, pepper, and ground cloves. Rub the outside of the pig with this mixture. Brush the pig with oil or melted butter, and pour the sour orange or lime juice over it. Cover pig loosely with aluminum foil and roast in a 325-degree oven for 3 hours, basting with pan juices every hour. Remove the foil, and cook for 30 minutes longer or until skin is very crisp, basting frequently. To test for doneness, prick

durante treinta minutos más o hasta que la piel esté curruscante, rociándolo con frecuencia. Para ver si está hecho, pinchar el pernil con un tenedor o con la punta de un cuchillo pequeño. Los jugos se aclararán cuando el lechón esté asado. Asar por más tiempo si es necesario.

Sacar el lechón y ponerlo en un plato caliente. Quitar de la boca la bola de papel de aluminio y sustituirla con una naranja, una manzana o una papa asada. Dejar el lechón a la temperatura del ambiente durante 15 minutos antes de servirlo.

PARA 10 A 12 PORCIONES.

the thigh with a fork, or the top of a small knife. The juices will run clear if the pig is done. Cook longer if necessary.

Transfer the pig to a heated platter. Remove the foil from the mouth and replace with an orange, apple, or baked potato. Allow pig to stand at room temperature for 15 minutes before serving.

MAKES 10 TO 12 SERVINGS.

Pollo a la criolla

1 pollo, partido en porciones para servir
sal y pimienta
4 cucharadas (½ barra) de mantequilla
1 cebolla pequeña, picada muy fino
1 diente de ajo, picado
4 cucharadas de harina
2 tazas de extracto de pollo
1 lata (de 16 onzas) de tomates estofados, picados
1 pimiento verde pequeño, picado finamente
½ taza de apio, picado finamente
2 pimientos morrones
2 cucharadas de perejil fresco picado

Sazonar los pedazos de pollo con sal y pimienta. Derretir la mantequilla en una cazuela grande o en un horno mágico ("Dutch oven"). Añadir la cebolla y el ajo y saltear hasta que esté cubierto de mantequilla. Agregar los pedazos de pollo y cocer hasta que estén dorados. Sacar los trozos de pollo y ponerlos aparte. Mezclar bien la harina en un tazón separado con ½ taza de extracto de pollo. Echar en la cazuela la mezcla de harina y el extracto de pollo restante. Añadir los tomates, el pimiento verde y el apio. Agregar más sal y pimienta, si se desea. Dejar que la salsa cueza a fuego lento durante cinco minutos, revolviendo constantemente. Echar de nuevo el pollo en la salsa y cocer a fuego lento, con la cazuela bien tapada, hasta que esté tierno (durante aproximadamente 15 a 20 minutos).

Para servir, poner los trozos de pollo en un plato y cubrirlos de salsa. Guarnecer con pimientos morrones picados y perejil igualmente picado.

PARA 6 PORCIONES.

Creole Chicken

1 chicken, cut in serving pieces
salt and pepper
4 tablespoons (½ stick) butter
1 small onion, finely chopped
1 clove garlic, minced
4 tablespoons flour
2 cups chicken stock
1 can (16 ounces) stewed tomatoes, chopped
1 small green pepper, finely chopped
½ cup finely chopped celery
2 Spanish pimentos
2 tablespoons chopped fresh parsley

Season chicken pieces with salt and pepper. Melt butter in a large saucepan or Dutch oven. Add onion and garlic and sauté until coated with butter. Add chicken pieces and cook until golden brown. Remove chicken pieces and set aside. In a separate bowl, mix flour with ½ cup chicken stock, blending thoroughly. Add flour mixture and remaining stock to pan. Add tomatoes, green pepper, and celery. Add additional salt and pepper to taste. Allow sauce to simmer for 5 minutes, stirring constantly. Replace chicken in sauce and simmer, well covered, until tender (about 15 to 20 minutes).

To serve, arrange chicken pieces on a platter and cover with sauce. Garnish with chopped pimentos and parsley.

MAKES 6 SERVINGS.

Pollo con piña a la antigua

Jugo y cáscara rallada de 1 lima
1 pollo de 3½ a 4 libras, partido en pedazos para servir
sal y pimienta
¼ de taza de aceite de oliva
1 cebolla mediana, picada
1 diente de ajo, picado
2 tomates muy maduros, pelados y picados en trozos grandes
3 cucharadas de uvas pasas, sin pepas
1 pimiento rojo picante, sin pepas y picado
¼ de cucharadita de orégano
1 hoja de laurel
1 taza de extracto de pollo
2 tazas de piña fresca, picada en trozos grandes con el jugo
4 cucharadas de ron rubio

Frotar los trozos de pollo con el jugo y la cáscara de lima, sazonar con sal y pimienta, y ponerlos aparte durante 30 minutos. Calentar el aceite en un sartén y saltear los trozos de pollo hasta que estén ligeramente dorados. Echar los trozos de pollo en una olla grande o en un horno mágico ("Dutch oven"). Saltear en el aceite restante del sartén la cebolla y el ajo hasta que estén tiernos. Agregar los tomates, las uvas, el pimiento picante, el orégano y la hoja de laurel. Cocer, revolviendo de vez en cuando, durante unos cinco minutos. Echar la mezcla de cebolla sobre el pollo y añadir el extracto de pollo. Tapar la olla parcialmente y cocer a fuego lento durante unos 45 minutos hasta que el pollo esté tierno.

Cocer la piña con el jugo en una cazuela pequeña hasta que quede reducida a la mitad. Agregar el ron, mezclar bien y cocer durante uno a dos minutos. Echar la mezcla sobre el pollo y cocer durante cinco minutos más.

PARA 6 PORCIONES.

Chicken with Pineapple in the Old Style

Juice and grated rind of 1 lime
3½ to 4-pound chicken, cut in serving pieces
salt and pepper
¼ cup olive oil
1 medium onion, chopped
1 clove garlic, chopped
2 very ripe tomatoes, peeled and coarsely chopped
3 tablespoons seedless raisins
1 red hot pepper, seeded and chopped
¼ teaspoon oregano
1 bay leaf
1 cup chicken stock
2 cups coarsely chopped fresh pineapple with juice
4 tablespoons golden rum

Rub the lime juice and rind into the chicken pieces, season with salt and pepper, and set aside for 30 minutes. Heat oil in a frying pan and sauté chicken pieces until lightly browned. Transfer chicken pieces to heavy stock pot or Dutch oven. In oil remaining in saucepan, sauté onion and garlic until onion is tender. Add tomatoes, raisins, hot pepper, oregano, and bay leaf. Cook, stirring occasionally, for about 5 minutes. Pour onion mixture over chicken and add stock. Partially cover stock pot and cook over low heat for about 45 minutes until the chicken is tender.

Cook pineapple with juice in a small saucepan until reduced to half. Add rum, mix thoroughly, and cook for 1 to 2 minutes. Pour over the chicken and cook for 5 minutes longer.

MAKES 6 SERVINGS.

Arroz con pollo

Éste es uno de los primeros platos que se ofrecen a los extranjeros al llegar a La Habana y está invariablemente sazonado. Al comienzo del siglo XX, había un restaurante famoso en la Chorrera, al final del Vedado, en el río Almendares, en donde en un sitio pintoresco a la sombra del antiguo fuerte, se preparaba a la perfección el arroz con pollo. Uno podía dar un paseo en barca en el río mientras se cocía el arroz. La "Señora" que se ocupaba del lugar con el tiempo se retiró con una buena fortuna. He aquí su apreciada receta:

1 pollo gordo y tierno, partido en pedazos para servir
2 cucharadas de mantequilla o de materia grasa de vegetales
1 cebolla, picada
1 diente de ajo grande, picado
4 tomates medianos ó 1 lata (de 16 onzas) de tomates enteros,
        pelados y picados
1 pimiento verde, picado
1 pizca de azafrán
hoja de laurel
2 clavos
sal y pimienta
1 libra (2 tazas) de arroz de Valencia de gran calidad
¾ de taza de jerez
2 cucharadas de aceite de oliva
1 lata pequeña de pimientos morrones, picados
¼ de taza de guisantes muy finos
¼ de taza de cogollos de alcachofa, picados

Este plato debe cocerse en un horno mágico ("Dutch oven") grande o en una cazuela de barro llana. Es el utensilio clásico utilizado en la preparación de este plato.

Chicken with Rice

This is one of the first dishes offered to foreigners on arriving in Havana and it is invariably relished. At the beginning of the century, there was a famous restaurant at the Chorrera, at the end of Vedado, on the Almendares River, where in a picturesque setting in the shadow of the old fort, Chicken with Rice was cooked to perfection. One could go for a row on the river while the rice was being prepared. The "Madama" who kept the place eventually retired with a healthy fortune. Here is her treasured recipe:

1 plump, tender chicken, cut into serving size pieces
2 tablespoons butter or vegetable shortening
1 onion, chopped
1 large clove garlic, minced
4 medium tomatoes or 1 can (16 ounces) whole tomatoes,
        peeled and chopped
1 green bell pepper, chopped
1 pinch saffron
bay leaf
2 cloves
salt and pepper
1 pound (2 cups) high-quality Valencia rice
¾ cup sherry
2 tablespoons olive oil
1 small can Spanish pimentos, chopped
¼ cup extra-fine green peas (petits pois)
¼ cup artichoke hearts, chopped

This dish should be cooked in a large, heavy Dutch oven or an earthen vessel called a *cazuela,* widely open at the top and rather shallow. It is the classic utensil used in preparing this dish.

Derretir la mantequilla o la materia grasa en la olla. Agregar los trozos de pollo y dorarlos. Luego añadir la cebolla y el ajo. Saltear hasta que la cebolla esté tierna. Agregar los tomates, el pimiento verde, el azafrán, la hoja de laurel, los clavos y la sal y la pimienta. Cocer a fuego lento durante 5 a 10 minutos.

Agregar agua suficiente para cubrir sólo, y cocer a fuego medio hasta que el pollo esté tierno. Lavar bien el arroz y añadirlo a la olla. Cocer hasta que quede seco, luego rociar la parte de arriba con jerez y aceite de oliva. Tapar la olla y dejar cocer al vapor a fuego muy lento hasta que esté hecho. Unos minutos antes de servirlo, agregar los pimientos morrones picados, los guisantes y los cogollos de alcachofa; mezclar ligeramente.

PARA 6 A 8 PORCIONES.

Melt butter or shortening in the pot. Add the chicken pieces and brown them. Then add onion and garlic. Sauté until onion is tender. Add tomatoes, green pepper, saffron, bay leaf, cloves, and salt and pepper. Simmer for 5 to 10 minutes.

Add enough water to just cover, and cook over medium heat until chicken is tender. Wash rice thoroughly and add to pot. Cook until water is absorbed, then sprinkle top with sherry and olive oil. Cover and allow to steam over very low heat until done. A few minutes before serving, add chopped pimentos, green peas, and artichoke hearts; mix lightly.

MAKES 6 TO 8 SERVINGS.

POSTRES

❖❖❖

DESSERTS

Buñuelos de piña

Ingredientes para la pasta:
1 taza de harina
2 cucharadas de azúcar
½ cucharadita de sal
2 huevos, yemas y claras separadas
cáscara rallada de 1 limón
½ taza de leche
materia grasa o grasa para freír
rajas de piña

Cerner la harina y mezclar con el azúcar y la sal; añadir las yemas de huevo, batidas, la cáscara de limón y la leche. Batir las claras de huevo hasta que estén a punto de nieve y echarlas en la mezcla de harina.

Calentar la materia grasa o la grasa en un sartén. Echar las rajas de piña en la pasta y freírlas hasta que estén doradas. Secar con toallas de papel antes de servir.

EL TAMAÑO DE LAS PORCIONES VARÍA.

Pineapple Fritters

Ingredients for batter:
1 cup flour
2 tablespoons sugar
½ teaspoon salt
2 eggs, yolks and whites separated
grated rind of 1 lemon
½ cup milk
shortening or fat for deep frying
pineapple slices

Sift flour, sugar, and salt together; add beaten egg yolks, lemon rind, and milk. Beat egg whites until stiff peaks form and fold into flour mixture.

Heat shortening or fat in a deep frying pan. Dip pineapple slices in batter and fry in until golden brown. Drain on paper towels before serving.

SERVING SIZES VARY.

Boniatillo

Esta mezcla muy dulce puede servirse tal y como es o puede usarse como base para otros postres.

2 libras de boniatos
3 tazas de azúcar
cáscara de 1 lima
1 rajita de 2 pulgadas de canela
3 yemas de huevo
½ taza de jerez (facultativo)

Hervir los boniatos hasta que estén cocidos (durante unos 30 minutos). Quitar el líquido y hacerlos puré. Echar azúcar en una sartén, añadir 1 taza de agua, la cáscara de lima y la canela. Calentar a fuego lento, revolviendo constantemente, hasta que se forme almíbar. Sacar la cáscara y la canela. Agregar los boniatos al almíbar. Seguir cociendo, revolviendo constantemente, hasta que se forme una masa más bien espesa. Batir las yemas de huevo y echarlas en el sartén. Añadir el jerez, si se desea, y mezclar bien.

PARA 4 PORCIONES.

Sweet Potato Dulce

This very sweet, very rich concoction may served as is, or used as a base for other desserts.

2 pounds sweet potatoes
3 cups sugar
peel of 1 lime
1 2-inch stick cinnamon
3 egg yolks
½ cup sherry (optional)

Boil sweet potatoes until cooked (about 30 minutes). Drain and mash. Place sugar in a skillet; add 1 cup water, lime peel, and cinnamon stick. Heat over a low flame, stirring constantly, until a syrup forms. Remove the peel and cinnamon stick. Add sweet potatoes to syrup. Continue to cook, stirring constantly, until a rather thick paste forms. Beat egg yolks and add to skillet. Add sherry, if desired, and mix well.

MAKES 4 SERVINGS.

Pastel de batata

Este plato puede servirse como pan dulce o con crema batida con sabor a ron como postre.

1 barra (8 cucharadas) de mantequilla sin sal
2 tazas de boniatillo (véase p. 92)
½ cucharadita de vainilla ó ½ cucharadita de agua de azahar
2 huevos, yemas y claras separadas
1 taza de harina para pastel
2 cucharaditas de levadura en polvo
pizca de sal

Derretir la mantequilla y mezclarla con el boniatillo. Añadir la vainilla o el agua de azahar. Agregar las yemas de huevo batidas, y luego la harina cernida con la levadura en polvo. Batir las claras de huevo con la pizca de sal y echarlas todas poco a poco en la mezcla de boniatillo.

Echar en un plato engrasado de dos cuartos, y cocer en un horno a 350 grados durante unos 45 minutos, o hasta que el probador de pastel salga limpio.

PARA 6 A 8 PORCIONES.

Sweet Potato Cake

This dish can be served as a sweet bread or with rum flavored whipped cream as a dessert.

1 stick (8 tablespoons) unsalted butter
2 cups Sweet Potato Dulce (see p. 93)
½ teaspoon vanilla or ½ teaspoon orange flower water
2 eggs, separated
1 cup cake flour
2 teaspoons baking powder
pinch of salt

Melt butter and mix with Sweet Potato Dulce. Add vanilla or orange flower water. Add beaten egg yolks, and then sifted flour with baking powder. Beat the egg whites with a pinch of salt and fold into the potato mixture gently but thoroughly.

Pour into a greased 2-quart soufflé dish, and bake in a 350-degree oven for about 45 minutes, or until a cake tester comes out clean.

MAKES 6 TO 8 SERVINGS.

Budín de mamey

2 mameys
½ taza de azúcar
4 huevos
1 taza de leche
½ cucharadita de canela en polvo

Quitar las semillas y los filamentos de los mameys. Pasar la fruta cruda por un cedazo. Añadir el azúcar, los huevos, la leche y la canela. Mezclar bien y echar la mezcla en un molde engrasado. Poner el molde en una cazuela con agua. Cocer en un horno a 350 grados durante 30 a 40 minutos o hasta que el budín esté cuajado.

PARA 6 A 8 PORCIONES.

Mamey Pudding

2 mameys
½ cup sugar
4 eggs
1 cup milk
½ teaspoon powdered cinnamon

Remove seeds and filaments of mameys; pass raw fruit through a sieve. Add sugar, eggs, milk, and cinnamon. Mix well and pour mixture into a greased mold. Place mold in a pan of water. Bake in a 350-degree oven for 30 to 40 minutes or until pudding is set.

MAKES 6 TO 8 SERVINGS.

Budín de manzana con ron Bacardi

Esta receta es de principios del siglo XX, cuando las manzanas de California y Oregón abundaban en Cuba.

6 manzanas grandes
3 huevos, con la yema y la clara separadas
¾ de taza de azúcar
2 cucharadas de mantequilla
1 taza de migas de pan
½ cucharadita de canela en polvo
½ taza (4 onzas) de ron Bacardi

Pelar y picar bien las manzanas. Añadir las yemas de huevo, el azúcar, la mantequilla, las migas de pan, la canela en polvo y el ron. Mezclar bien hasta que se forme una masa. Agregar las claras de huevo batidas a punto de nieve y mezclar de nuevo. Echar la mezcla en un molde engrasado. Poner el molde en una cazuela con agua y cocer en el horno a 350 grados durante 30 a 40 minutos, o hasta que el budín esté cuajado.

PARA 6 A 8 PORCIONES.

Apple Pudding with Bacardi Rum

This recipe is from the early part of the century, when apples from California and Oregon were abundant in Cuba.

6 large apples
3 eggs, separated
¾ cup sugar
2 tablespoons butter
1 cup bread crumbs
½ teaspoon powdered cinnamon
½ cup (4 ounces) Bacardi rum

Peel apples and chop fine. Add egg yolks, sugar, butter, bread crumbs, cinnamon, and rum. Mix well until it forms a paste. Add stiffly beaten egg whites and mix again. Pour mixture into a greased mold. Place mold in a pan of water and bake in a 350-degree oven for 30 to 40 minutes or until pudding is set.

MAKES 6 TO 8 SERVINGS.

Coco quemado

2 tazas de azúcar
1 taza de agua
4 tazas de coco rallado
4 yemas de huevo, batidas ligeramente
1 cucharadita de canela en polvo
½ taza de jerez

Cocer el azúcar con el agua hasta que se haga almíbar (la mezcla debe ser como hilo al revolverla). Añadir el coco y mezclar bien. Mezclar y echar las yemas de huevo, la canela y el jerez. Cocer a fuego lento, revolviendo constantemente con una cuchara de madera hasta que la mezcla esté espesa.

Echar la mezcla de budín en un plato para hornear y servir. Poner bajo una parrilla para dorar la parte de arriba. Servir con crema batida o crema corriente.

PARA 6 PORCIONES.

Coconut Pudding

2 cups sugar
1 cup water
4 cups grated coconut
4 egg yolks, lightly beaten
1 teaspoon powdered cinnamon
½ cup sherry

Cook the sugar and water together until a syrup forms (mixture should be thread-like when stirred). Add the coconut and mix thoroughly. Stir in egg yolks, cinnamon, and sherry. Cook over low heat, stirring constantly with a wooden spoon until the mixture is thick.

Pour pudding mixture into an oven-proof serving dish. Place under a broiler to brown the top. Serve with plain or whipped cream.

MAKES 6 SERVINGS.

Turrón de Alicante

1 taza (de 8 onzas) de almíbar corriente (partes iguales
    de azúcar y agua combinados)
1 taza de miel
6 claras de huevo, batidas a punto de nieve
2 tazas de almendras tostadas o de avellanas
    (ó 1 taza de almendras y otra de avellanas),
    picadas en trozos grandes
barquillos para cubrir

Mezclar el almíbar y la miel con las claras de huevo batidas. Añadir las almendras o las avellanas y mezclar bien. Calentar la mezcla en una cazuela grande sobre un fuego medio; revolver de vez en cuando hasta que esté muy espesa y casi cristalizada.

Servir en moldes o tazones pequeños cubiertos de barquillos.

PARA 6 A 8 PORCIONES.

Spanish Nougat

1 cup (8 ounces) simple syrup (equal parts sugar and
    water combined)
1 cup honey
6 egg whites, stiffly beaten
2 cups toasted almonds or hazelnuts
    (or 1 cup of each), chopped roughly
wafers for lining

Mix syrup and honey with the stiffly beaten egg whites. Add almonds or hazelnuts and mix well. Heat mixture in a heavy saucepan over medium heat; stir occasionally until very thick and almost candied.

Serve in small molds or bowls lined with wafers.

MAKES 6 TO 8 SERVINGS.

Arroz con leche

Un plato casero, no obstante es uno de los platos más difíciles de preparar a la perfección. Se necesita tiempo y paciencia para hacer este plato.

1½ taza de arroz de Valencia o Carolina
2 cuartos (8 tazas) de leche
1 rajita de 2 pulgadas de canela
la cáscara de medio limón o lima
1½ taza de azúcar
canela en polvo para polvorear

Lavar bien el arroz varias veces. Echar el arroz en una cazuela con 3 tazas de agua y hacer hervir. Disminuir el fuego, tapar la cazuela y cocer a fuego lento hasta que el arroz esté hecho. Cuando el arroz esté seco, agregar la leche, una taza cada vez, y revolver constantemente. Añadir la rajita de canela y la cáscara. Se tardará bastante en hacer este plato, pero cuando ya no quede leche en el arroz y la mezcla esté cremosa, agregar el azúcar. NOTA: Si se echa el azúcar muy temprano, el arroz se hará más duro. Cocer durante 5 a 7 minutos más.

Servirlo en un tazón de cristal y polvorear con canela en polvo.

PARA 6 A 8 PORCIONES.

Rice Pudding

A homely dish, yet one of the most difficult to accomplish to perfection. It takes time and patience to make this dish.

1½ cups Valencia or Carolina rice
2 quarts (8 cups) milk
1 2-inch piece cinnamon stick
peel of half a lime or lemon
1½ cups sugar
powdered cinnamon for dusting

Wash rice thoroughly several times. Combine rice with 3 cups water and bring to a boil. Reduce heat, cover, and simmer until rice is cooked. When the water is absorbed, add milk, a cup at a time, stirring constantly. Add cinnamon stick and peel. It will take a while to make this dish, but when all the milk has been absorbed and the mixture is creamy, add the sugar. NOTE: If the sugar is put in too soon, the rice will harden. Cook for an additional 5 to 7 minutes.

Serve pudding in a glass bowl and dust with powdered cinnamon.

MAKES 6 TO 8 SERVINGS.

Natilla

El sabor combinado de cáscara de lima y canela con caramelo da a este postre su sabor especial.

4 cucharadas de fécula de maíz
6 yemas de huevo, batidas
4 tazas de leche
¾ de taza de azúcar
1 rajita de 2 pulgadas de canela
la cáscara de medio lima
caramelo para cubrir

Disolver cuidadosamente en leche la fécula de maíz y las yemas de huevo batidas, mezclando bien todo hasta que la mezcla esté clara. Agregar el azúcar, la rajita de canela y la cáscara de lima. Cocer el budín en una cazuela doble, revolviendo con frecuencia. Cuando el budín esté espeso y cocido (en unos 15 a 20 minutos), quitar la rajita de canela y la cáscara y echar el budín en un plato llano y echarle por arriba unas cucharadas de caramelo.

PARA 6 PORCIONES.

Cornstarch Pudding

The combined flavor of lime peel and cinnamon with caramel gives this dessert its special flavor.

4 tablespoons cornstarch
6 egg yolks, beaten
4 cups milk
¾ cup sugar
1 2-inch piece cinnamon stick
peel of half a lime
caramel topping

Dissolve cornstarch and beaten egg yolks carefully with milk, mixing thoroughly until mixture is smooth. Add sugar, cinnamon stick, and lime peel. Cook pudding in a double boiler, stirring often. When pudding is thickened and cooked (about 15-20 minutes), remove cinnamon stick and peel, and spread pudding onto an open platter and top with a few spoonfuls of caramel.

MAKES 6 SERVINGS.

CÓCTELES Y BEBIDAS

·※·

COCKTAILS & BEVERAGES

Cóctel Daiquiri original

Cuando estaba estableciéndose la Base Naval de Guantánamo al principio de la República, un grupo de oficiales fueron iniciados en el secreto de un cóctel hecho con el jugo de limas verdes y ron Bacardi. Inmediatamente se le llamó Daiquiri, en honor del lugar donde se hizo, una pequeña ciudad minera cercana. El nombre ahora es famoso.

2 vasitos de onza y media de ron Bacardi
1 cucharadita de azúcar
jugo de ½ lima
1 vaso frío lleno de hielo triturado

Combinar el ron, el azúcar y el jugo de lima. Echar todo sobre el hielo y saborear.

Original Daiquiri Cocktail

When the Guantánamo Naval Base was being established in the early days of the Republic, a group of officers were initiated into the secret of a cocktail made with the juice of green limes and Bacardi rum. It was immediately named Daiquiri, in honor of its birthplace, a little mining town nearby. The name is now famous.

2 jiggers Bacardi rum
1 teaspoon sugar
juice of ½ lime
1 cold glass filled with crushed ice

Combine rum, sugar, and lime juice. Pour over ice and enjoy.

Cóctel del presidente

1 vasito de onza y media de ron Bacardi
1 vasito de onza y media de vermut
unas gotas de granadina

Revolver bien los ingredientes en un vaso grande con 2 trozos de hielo. Colar y servir en un vaso de cóctel muy frío, añadiendo un trozo de cáscara de naranja y una guinda.

Cóctel de Isla de Pinos

½ cucharadita de azúcar
1 vasito de onza y media de jugo de toronja
2 vasitos de onza y media de ron Bacardi
hielo triturado

Combinar el azúcar, el jugo de toronja y el ron. Agitar bien. Echar sobre hielo triturado en un vaso muy frío.

President's Cocktail

1 jigger Bacardi rum
1 jigger vermouth
a few drops grenadine

Stir ingredients well in a large glass with 2 pieces of ice. Strain and serve in a well-chilled cocktail glass, adding a twist of orange peel and a maraschino cherry.

Isle of Pines Cocktail

½ teaspoon sugar
1 jigger grapefruit juice
2 jiggers Bacardi rum
crushed ice

Combine sugar, grapefruit juice, and rum. Shake well. Pour over crushed ice in a very cold glass.

Cóctel del Club de Yates de La Habana

2 vasitos de onza y media de ron Bacardi
1 vasito de onza y media de vermut
unas gotas de licor de albaricoque
hielo triturado

Combinar el ron, el vermut y el licor. Agitar bien y servir sobre hielo triturado.

Cóctel criollo (A la antigua)

1 cucharadita de azúcar
jugo y cáscara de ½ limón
2 a 3 gotas de bitter
1 ramito de menta
½ vasito de onza y media de ron Bacardi
2 trozos de hielo
soda

Utilizar un vaso de tamaño mediano, bien frío. Combinar en el vaso el azúcar, el jugo y la cáscara de limón, las gotas de bitter, la menta, el ron y el hielo. Echar la soda y revolver bien con una cuchara larga.

Havana Yacht Club Cocktail

2 jiggers Bacardi rum
1 jigger vermouth
dash of apricot brandy
crushed ice

Combine rum, vermouth, and brandy. Shake well and serve over crushed ice.

Creole Cocktail (Old Fashioned)

1 teaspoon sugar
juice and rind of ½ lemon
2 to 3 drops Angostura bitters
1 sprig mint
½ jigger Bacardi rum
2 pieces ice
sparkling water

Use a medium-size glass, well chilled. Combine the sugar, lemon juice and rind, bitters, mint, rum, and ice in the glass. Top off with sparkling water and stir well with a long spoon.

Flor Bacardi

1 vasito de onza y media de jugo de naranja
1 vasito de onza y media de ron Bacardi
unas gotas de curasao
hielo triturado

Combinar los tres ingredientes primeros y agitar bien. Servirlo sobre hielo.

Refresco La Habana

2 cubos de hielo
1 vasito de onza y media de ron Bacardi
1 ramito de menta
jengibre

Combinar los cubos de hielo, el ron y la menta en un vaso. Echar el jengibre.

Bacardi Blossom

1 jigger orange juice
1 jigger Bacardi rum
dash Orange Curaçao
crushed ice

Combine first 3 ingredients and shake well. Serve over ice.

Havana Cooler

2 ice cubes
1 jigger Bacardi rum
1 sprig mint
ginger ale

Combine ice cubes, rum, and mint in a glass. Top with ginger ale.

Ponche del plantador

jugo de 1 lima
1 cucharadita de azúcar
1 vasito de onza y media de ron Bacardi
hielo triturado
rajas de piña, naranja, lima y cereza

Combinar el jugo de lima, el azúcar y el ron. Agitar bien y echar en una copa con hielo triturado. Adornar con rajas de fruta.

Mojo cubano

En un vaso de tamaño mediano, combinar:
1 cucharadita de azúcar
jugo y cáscara de 1 lima verde
1 ramito de menta
1 vasito de onza y media de ron Bacardi
varios trozos de hielo

Llenar el vaso de soda. Revolver bien con una cuchara de mango largo.

Planter's Punch

juice of 1 lime
1 teaspoon sugar
1 jigger Bacardi rum
crushed ice
slices of pineapple, orange, lime, and cherry

Combine lime juice, sugar, and rum. Shake well and strain into a goblet with crushed ice. Decorate with fruit slices.

Rum Cocktail

In a medium-size glass, combine:
1 teaspoon sugar
juice and rind of 1 green lime
1 sprig mint
1 jigger Bacardi rum
several pieces of ice

Fill glass with soda water. Stir well with a long spoon.

Bebida gaseosa con jugo de piña y ron Bacardi

1 cucharadita de azúcar
1 vasito de onza y media de jugo de piña
1 vasito de onza y media de ron Bacardi
hielo triturado

Combinar todos los ingredientes y agitar bien. Echar en un vaso y llenarlo de soda.

Ponche de leche cubano

Una bebida deliciosa y buena para los catarros.

1 yema de huevo
1 cucharada de azúcar
1 vaso de leche caliente
1 vasito de onza y media de ron Bacardi
nuez moscada rallada

Batir la yema de huevo con el azúcar. Agregar la leche caliente, el ron Bacardi y la nuez moscada.

Bacardi Pineapple Fizz

1 teaspoon sugar
1 jigger pineapple juice
1 jigger Bacardi rum
crushed ice

Combine all ingredients and shake well. Strain into a glass and fill with sparkling water.

Cuban Milk Punch

A delicious beverage and good for colds.

1 egg yolk
1 tablespoon sugar
1 glass hot milk
1 jigger Bacardi rum
grated nutmeg

Beat egg yolk with sugar. Add hot milk, Bacardi rum, and nutmeg.

"Pousse" cubano
(Una bebida para después de la cena)

1 copa (de 1 onza) de ron Bacardi
2 gotas de crema de cacao
1 gota de anisete
hielo triturado

Combinar los ingredientes y revolver bien. Echar en un vaso con hielo.

Ponche delicioso

En una ponchera, combinar:
12 clavos
1 rajita de canela
cáscara de 1 naranja
2 limones (hervidos en una cazuela con una taza de agua
        durante 5 minutos)
jugo de 12 naranjas
jugo de 12 limones
2½ tazas de azúcar
1 cuarto de ron Bacardi
1 cuarto de "Sauterne"
1 cuarto de té frío "Oolong"
1 cuarto de "Apollinaris"
1 trozo grande de hielo (congelar agua en un molde grande
        para hacer el hielo).

PARA 20 A 25 PORCIONES.

Cuban Pousse

(An after dinner drink)

1 pony (1 ounce) Bacardi Rum
2 dashes Crème de Cacao
1 dash anisette
crushed ice

Combine ingredients and stir well. Strain into a glass with ice.

Delicious Punch

In a punchbowl, combine:
12 cloves
1 stick cinnamon
peel of 1 orange
2 lemons (boiled in 1 cup water for 5 minutes)
juice of 12 oranges
juice of 12 lemons
2½ cups sugar
1 quart Bacardi rum
1 quart Sauterne
1 quart cold Oolong tea
1 quart Apollinaris
1 large piece of ice (freeze water in a large mold to make ice).

MAKES 20 TO 25 SERVINGS.